Porter des boutons

SEWING BOOK

A *to* P

ポルテ デ ブトンのソーイング BOOK

INDEX

E
p.14-15

F
p.16-17

O
p.26-27

H₁
p.18-21

J
p.18, 20-21

H₂
p.31

P
p.28-31

>HOW to MAKE p.33

A コクーンブラウス
>p.34　ノースリーブの上にもう一枚布をまとって
　　　 いるような丸いシルエットのブラウス。

M ワイドパンツ
>p.83　ウエスト切替えで腰回りすっきりのワイドパンツ。
　　　 潔さのあるストライプで。

B　タックブラウス　／パンツ…N2
ヨークと袖がひと続きの柔らかな雰囲気のブラウス。
>*p.38*　七分袖とパフスリーブ、袖口ゴムで変化をつけられます。

C₂ スクエアネックブラウス
>p.42 C₁のブラウスを無地のリネンで。
大きなポケットと袖のピンタックが際立ちます。

G タックパンツ
>p.61 ほどよいゆるさのあるウエストゴムの
イージーパンツ。

D Ｖ ネ ッ ク ブ ラ ウ ス
>p.47　袖山のギャザーとパフスリーブの甘さを
　　　　Ｖネックですっきりと大人っぽく。

K リボンラップ風スカート
>p.77　Ｌと同じつくりのスカート。
　　　　レースをシンプルなコットンテープにアレンジ。

E サイドスリットワンピース ／パンツ…M

深いスリットはコーディネートを楽しむため。

>*p.51* お好きなボトムを自由に合わせて。

F レイヤードドレス

> p.56

ワンピースとブラウスを重ねて遊びをきかせたドレス。後ろ姿もぬかりなく!

H₁　サロペット　／コート … J

＞p.65　裾フリルがフェミニンなサロペット。後ろリボンで着丈調節可能。

J　コート　／サロペット …H1
シンプルな軽いコート。
>p.74　たたんで持ち歩いて旅のお供に。

I	オーバルブラウス
>p.71	円を描いたような丸いシルエット。ゆったりとした着心地のブラウス。

N₁	コクーンパンツ
>p.83	Porter des boutons定番のコクーンパンツ。優しいムードのリバティプリントで。

N₂ **コクーンパンツ** ／ブラウス …B
N₁のパンツを洗いのかかったリネンで軽快に。フロントボタンが映えます。
>p.83

O　Ｖ ネ ッ ク ワ ン ピ ー ス　 ／ パ ン ツ ...G
―――
>p.88　タックの端につけたレースがほどよく
　　　 肩にかかるフェミニンなワンピース。

H₂ サロペット
>p.65　H₁のサロペットをリバティプリントで
　　　華やかに。

P 2way オールインワン
>p.92　前あきワンピースとオールインワン。
　　　2wayで着られるユニークなデザイン。

KEYWORD

写真の中に登場した Porter des boutons を構成する AtoP

A rt

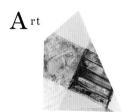

いろ、かたち、想い……
いろいろな刺激をもらえるもの

B utton

ブランド名にも入っている"ボタン"は、
小さくても服の印象を決定する
大事なパーツ

C hocolate

どんなに忙しくても
おやつタイムはかかさない

D og

デザイナー岡本の愛犬ロッタは
Porter des boutons のマスコット的存在

E mbroidery

クロス・ステッチ、スモッキング、
ピコット刺繍……Porter des boutons の
得意なテクニック

F rance

フランス映画、古着、食べ物
"フランス"のいろいろなものから
影響を受けています

G reen

恵比寿のオフィス街にあるアトリエ
窓から見える木々が
ささやかな癒しになっています

H anger

アトリエショップboutonné の
ハンガーカバー

I ce cream

アイス好きな私たち
いつかジェラート屋さんをやりたい

J ourney

6 月は毎年 3 人で Paris 出張へ!
(ここ数年おやすみ中)

K nit

糸、編み地、色……組合せは無限大
奥深さが楽しいアイテム

L ace

変わらずに好きなもの
繊細な作りにときめきます

M onotone

甘めのディテールはモノトーンコーデで
シックにまとめる

N eedle

お裁縫にはかかせない道具

O ne-piece

日常に、特別な日に、いろいろな場面で
活躍してくれるアイテム

P orter des boutons

"つぼみをつける"
ブランド名に掲げたフランス語の慣用句

HOW to MAKE

サイズについて

・付録の実物大パターンはフリーサイズで、P 2wayワンピースのみ①、②の2サイズ展開です。

・右のサイズ表、作り方ページの出来上り寸法を参考にしてください。

・丈はお好みで調整してください。ボトムのウエストは、ゴム寸法でサイズ調整してください。

サイズ表 （単位はcm）

部位/サイズ	フリーサイズ P-①	P-②
身長	150〜168	153〜171
バスト	76〜100	80〜104
ウエスト	60〜82	64〜86
ヒップ	83〜104	87〜108

実物大パターンの使い方

・実物大パターンは、縫い代つきです。パーツ外周の太線はパターンと布のカット線、その内側に平行する細線は出来上り線です。

・ひもやループなど直線裁ちのパーツは、実物大パターンをつけていないものがあります。裁合せ図に示した寸法で、パターンを作るか布に直接印をつけて裁ってください。

・実物大パターンは別紙に写し取って使います。パターンに重ねて線が透ける程度の、ハトロン紙のような紙を用意して必要なパターンを写します。

・異なるアイテムの線が交差しているので、写し取る線をマーカーペンや色鉛筆などでなぞっておくと分かりやすいです。

・カット線や出来上り線のほか、布目線や合い印、ポケットのつけ位置なども忘れずに写り取ります。

布と接着芯の準備、裁断について

・完成後の洗濯による縮みを防ぐため、布は裁断前にあらかじめ水通しをして、布目を整えます。

・裁合せは選ぶ布の幅により、パターンの配置が変わることがあります。布に必要なパターンを置き、確認してから裁ってください。

・接着芯は、薄手のものを選んでください。使用する布のはぎれに試しにはり、風合いを確認してから各パーツや部分にはることをおすすめします。

作り方について

・布端の始末で「ロックミシン」と記載している部分は、ミシンのジグザグ縫い機能でも代用できます。

・1か所縫うごとに縫い目にアイロンをかけると、縫い目が落ち着いてきれいに仕上がります。

A コクーンブラウス

photo > p.4-5

出来上り寸法

バスト113cm
着丈55cm
裾幅50cm

パターン　1裏

材料

表布＝リネンローン 112cm幅 230cm（Butterfly　DARUMA FABRIC）
接着芯＝90cm幅 20cm
ボタン＝直径1.15cmを8個

準備　＊裁合せ図も参照

◎表前衿、表後ろ衿、表前裾布、表後ろ裾布の裏に接着芯をはる。

作り方順序

〈下身頃を作る〉
1　前端を始末する
2　肩を縫う
3　脇を縫う
4　袖ぐりを始末する
5　タックをたたみ、ギャザーを寄せる

〈上身頃を作る〉
6　ダーツを縫う
7　後ろ中心を縫う
8　タックをたたみ、ギャザー用のミシンをかける
9　上下身頃を合わせる
10　衿を作り、つける
11　裾布を作り、つける
12　ボタンホールを作り、ボタンをつける
　　　→位置はパターン参照

裁合せ図

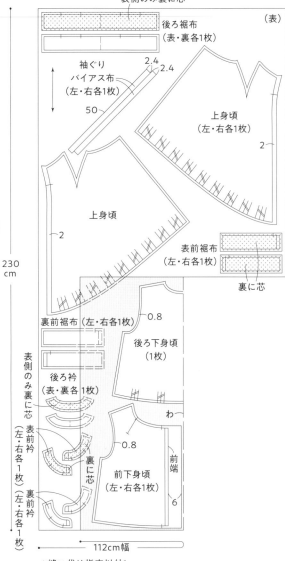

＊縫い代は指定以外1cm
＊ [::::] は裏に接着芯をはる位置
＊袖ぐりバイアス布は図に示した寸法で裁つ

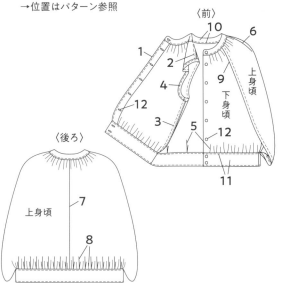

〈下身頃を作る〉
1 前端を始末する

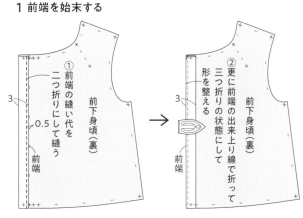

2 肩を縫う

3 脇を縫う

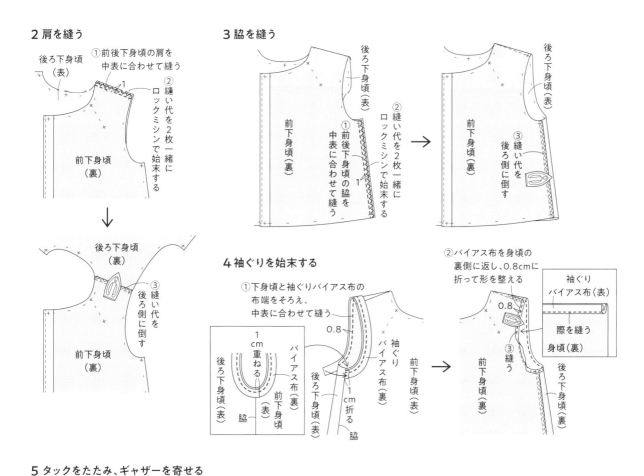

① 前後下身頃の肩を中表に合わせて縫う

後ろ下身頃（表）

前下身頃（裏）

② 縫い代を2枚一緒にロックミシンで始末する

後ろ下身頃（裏）

前下身頃（裏）

③ 縫い代を後ろ側に倒す

後ろ下身頃（表）

前下身頃（裏）

② 縫い代を2枚一緒にロックミシンで始末する

① 前後下身頃の脇を中表に合わせて縫う

後ろ下身頃（表）

前下身頃（裏）

③ 縫い代を後ろ側に倒す

後ろ下身頃（表）

前下身頃（裏）

4 袖ぐりを始末する

① 下身頃と袖ぐりバイアス布の布端をそろえ、中表に合わせて縫う

1cm重ねる

バイアス布

後ろ下身頃（表）

前下身頃（表）

脇

1cm折る

0.8

袖ぐりバイアス布（裏）

後ろ下身頃（裏）

前下身頃（表）

脇

② バイアス布を身頃の裏側に返し、0.8cmに折って形を整える

0.8

際を縫う

袖ぐりバイアス布（表）

身頃（裏）

③ 縫う

前下身頃（表）

後ろ下身頃（裏）

5 タックをたたみ、ギャザーを寄せる

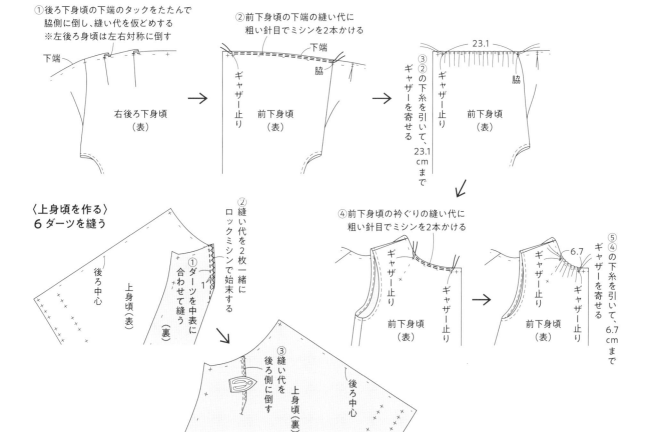

① 後ろ下身頃の下端のタックをたたんで脇側に倒し、縫い代を仮どめする
※左後ろ身頃は左右対称に倒す

下端

右後ろ下身頃（表）

② 前下身頃の下端の縫い代に粗い針目でミシンを2本かける

下端

脇

ギャザー止り

前下身頃（表）

③ ②の下糸を引いて、ギャザーを寄せる

23.1

ギャザー止り

脇

23.1cmまで

前下身頃（表）

〈上身頃を作る〉
6 ダーツを縫う

① ダーツを中表に合わせて縫う

後ろ中心

上身頃（表）

② 縫い代を2枚一緒にロックミシンで始末する

上身頃（裏）

③ 縫い代を後ろ側に倒す

上身頃（裏）

後ろ中心

④ 前下身頃の衿ぐりの縫い代に粗い針目でミシンを2本かける

ギャザー止り

ギャザー止り

前下身頃（表）

⑤ ④の下糸を引いて、ギャザーを寄せる

6.7

ギャザー止り

ギャザー止り

6.7cmまで

前下身頃（表）

7 後ろ中心を縫う

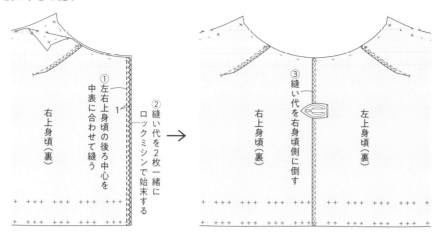

右上身頃（裏）

① 左右上身頃の後ろ中心を
中表に合わせて縫う

② 縫い代を2枚一緒に
ロックミシンで始末する

右上身頃（裏）　左上身頃（裏）

③ 縫い代を右身頃側に倒す

8 タックをたたみ、ギャザー用のミシンをかける

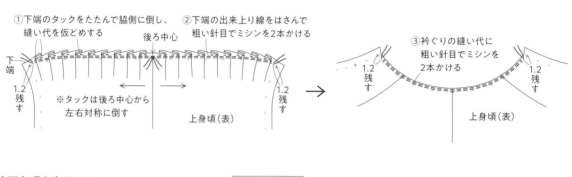

① 下端のタックをたたんで脇側に倒し、
縫い代を仮どめする

後ろ中心

② 下端の出来上り線をはさんで
粗い針目でミシンを2本かける

下端

1.2
残す

1.2
残す

※タックは後ろ中心から
左右対称に倒す

上身頃（表）

③ 衿ぐりの縫い代に
粗い針目でミシンを
2本かける

1.2
残す

1.2
残す

上身頃（表）

9 上下身頃を合わせる

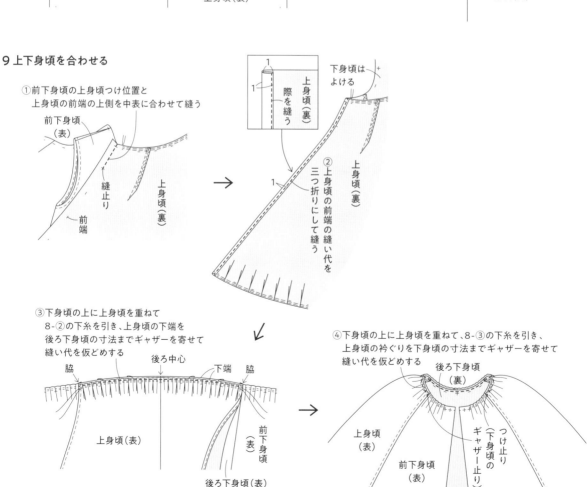

① 前下身頃の上身頃つけ位置と
上身頃の前端の上側を中表に合わせて縫う

前下身頃
（表）

縫止り

前端

上身頃（裏）

上身頃（裏）
際を縫う

1

下身頃は
よける

② 上身頃の前端の縫い代を
三つ折りにして縫う

上身頃（裏）

③ 下身頃の上に上身頃を重ねて
8-②の下糸を引き、上身頃の下端を
後ろ下身頃の寸法までギャザーを寄せて
縫い代を仮どめする

脇　後ろ中心　下端　脇

上身頃（表）

前下身頃
（表）

後ろ下身頃（表）

④ 下身頃の上に上身頃を重ねて、8-③の下糸を引き、
上身頃の衿ぐりを下身頃の寸法までギャザーを寄せて
縫い代を仮どめする

後ろ下身頃
（裏）

つけ止り
（下身頃の
ギャザー止り）

上身頃
（表）

前下身頃
（表）

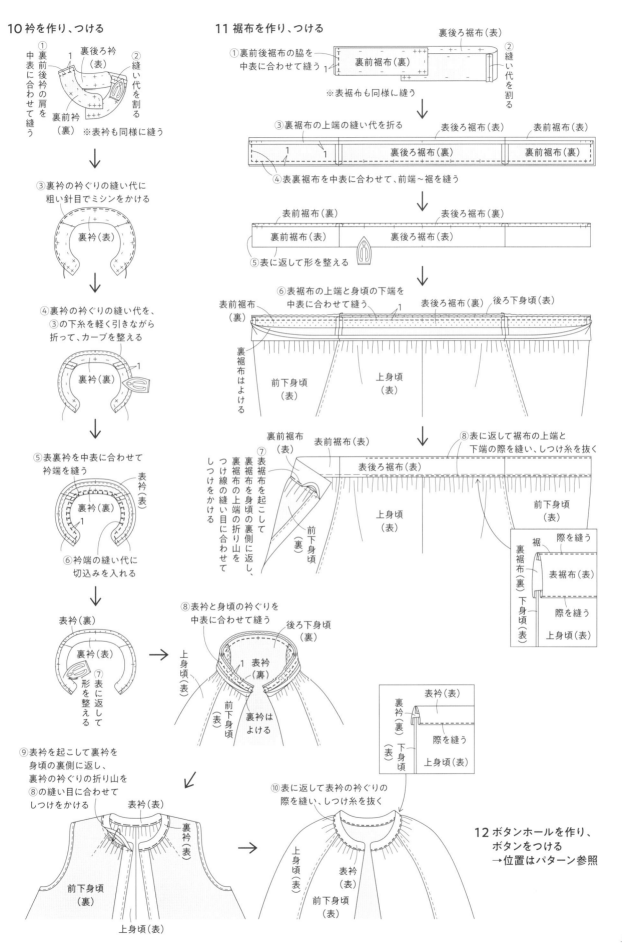

B タックブラウス

photo > p.6-7, p.24-25

出来上り寸法

バスト110cm+ギャザー分35cm
着丈65cm
ゆき丈62cm

パターン　1表

材料

表布＝コットンローン 127cm幅 230cm
（22474　ソールパーノ）
接着芯＝90cm幅 40cm
ゴムテープ＝1.5cm幅24.5cmを2本
ボタン＝直径1cmを1個

準備　＊裁合せ図も参照

◎前見返し、後ろ見返し、カフスの裏に接着芯をはる。

作り方順序

1　前後下身頃にギャザーを寄せて、それぞれ上身頃と縫う
2　前後身頃のタックをそれぞれ縫う
3　上身頃の肩を縫う
4　ループを作って後ろ見返しに仮どめし、見返しを作る
5　衿ぐりとあきを見返しで縫い返す
6　袖下～脇を縫う
7　袖口にギャザーを寄せてカフスをつけ、ゴムテープを通す
8　裾を始末する
9　ボタンをつける
　　→つけ位置はパターン参照

裁合せ図

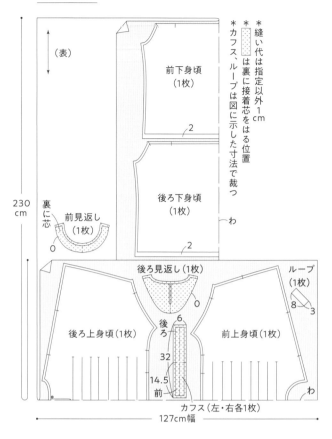

＊縫い代は指定以外1cm
＊　　　　は裏に接着芯をはる
＊カフス、ループは図に示した寸法で裁つ

1 前後下身頃にギャザーを寄せて、それぞれ上身頃と縫う

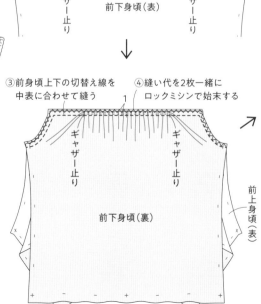

①前下身頃のギャザー止り～
　ギャザー止りの縫い代に
　粗い針目のミシンを2本かける

②前上身頃のギャザー止り～
　ギャザー止りの寸法に合わせて
　ギャザーを寄せる

③前身頃上下の切替え線を
　中表に合わせて縫う

④縫い代を2枚一緒に
　ロックミシンで始末する

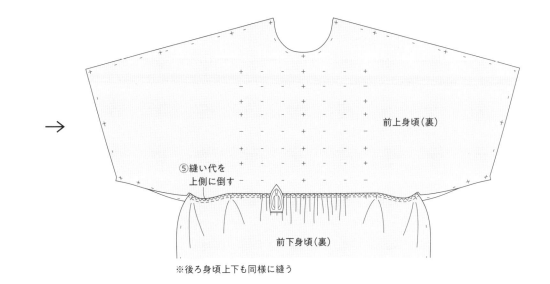

⑤縫い代を上側に倒す

前上身頃(裏)

前下身頃(裏)

※後ろ身頃上下も同様に縫う

2 前後身頃のタックをそれぞれ縫う

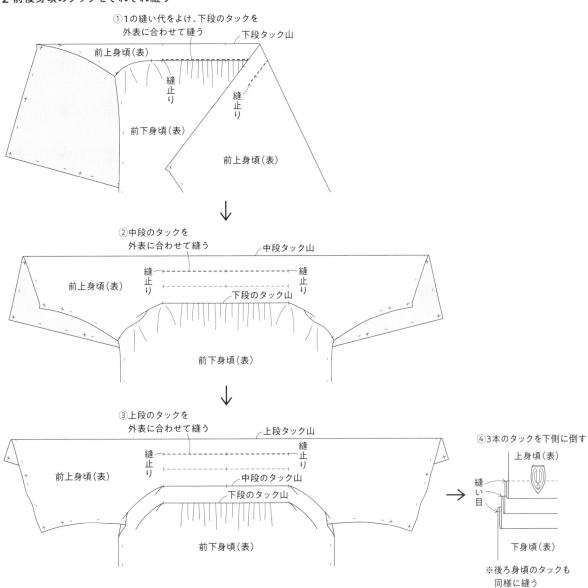

①1の縫い代をよけ、下段のタックを外表に合わせて縫う

下段タック山

前上身頃(表)

縫止り

縫止り

前下身頃(表)

前上身頃(表)

②中段のタックを外表に合わせて縫う

中段タック山

前上身頃(表)

縫止り

縫止り

下段のタック山

前下身頃(表)

③上段のタックを外表に合わせて縫う

上段タック山

前上身頃(表)

縫止り

縫止り

中段のタック山

下段のタック山

前下身頃(表)

④3本のタックを下側に倒す

上身頃(表)

縫い目

下身頃(表)

※後ろ身頃のタックも同様に縫う

3 上身頃の肩を縫う

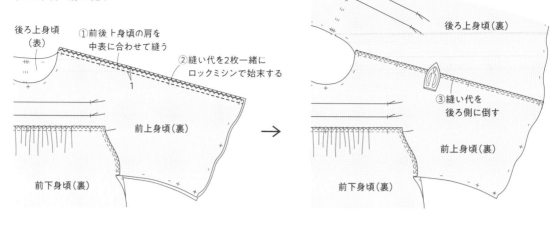

後ろ上身頃（表）
①前後上身頃の肩を中表に合わせて縫う
②縫い代を2枚一緒にロックミシンで始末する
1
前上身頃（裏）
前下身頃（裏）

後ろ上身頃（裏）
③縫い代を後ろ側に倒す
前上身頃（裏）
前下身頃（裏）

4 ループを作って後ろ見返しに仮どめし、見返しを作る

①ループを作る
玉結び
（1）ループを二つ折りにして縫う
0.3
わ
0.2 ループ（裏）
（2）縫い代を切る
（3）針に通した糸を2本どりにして玉結びし、ループの端に通して糸の輪にくぐらせる

（4）糸を引く
（5）針穴のほうからループに通し、表に返す
（表）
糸を引き抜く
（6）アイロンで形を整えて長さ5に切る
5

衿ぐりの出来上り線
あき位置
0.5
縫う
1.5
（表）
左後ろ見返し
端はあき位置内におさまるよう、余分を切る

②二つ折りにしたループを左後ろ見返しのあき部分に仮どめする

③前後見返しの肩を中表に合わせて縫う
1
後ろ見返し（表）
前見返し（裏）
④縫い代を後ろ側に倒す

⑤回りの布端をロックミシンで始末する
後ろ見返し（表）
前見返し（表）

5 衿ぐりとあきを見返しで縫い返す

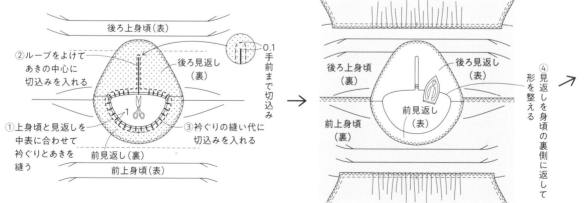

後ろ上身頃（表）
②ループをよけてあきの中心に切込みを入れる
後ろ見返し（裏）
0.1手前まで切込み
①上身頃と見返しを中表に合わせて衿ぐりとあきを縫う
1
③衿ぐりの縫い代に切込みを入れる
前見返し（裏）
前上身頃（表）

後ろ上身頃（裏）
後ろ見返し（表）
前見返し（表）
前上身頃（裏）
④見返しを身頃の裏側に返して形を整える

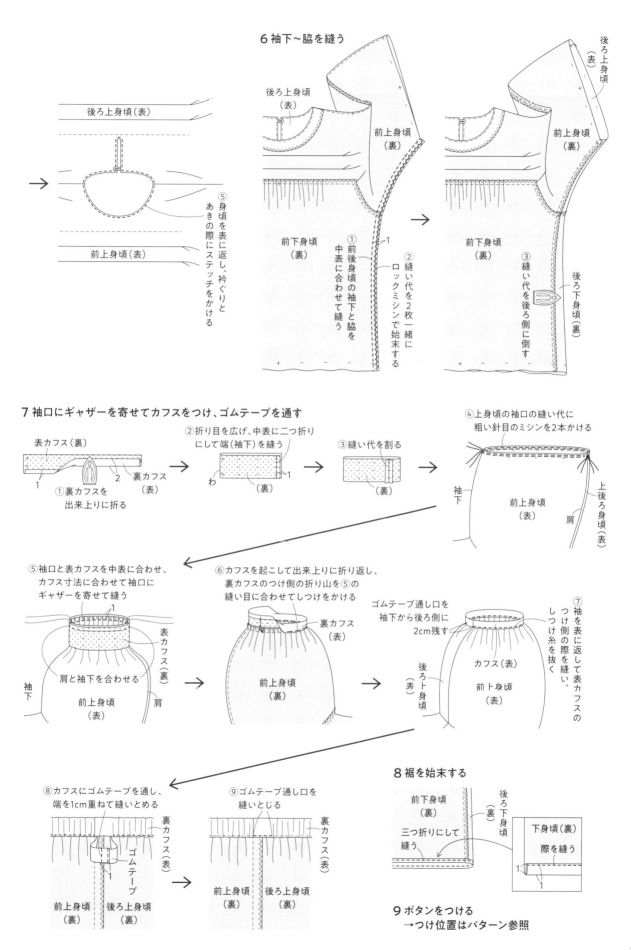

6 袖下～脇を縫う

後ろ上身頃（表）

前上身頃（表）

後ろ上身頃（表）

前上身頃（裏）

前下身頃（裏）

⑤ 身頃を表に返し、衿ぐりとあきの際にステッチをかける

① 前後身頃の袖下と脇を中表に合わせて縫う

② 縫い代を2枚一緒にロックミシンで始末する

後ろ上身頃（表）

前上身頃（裏）

前下身頃（裏）

③ 縫い代を後ろ側に倒す

後ろ下身頃（裏）

7 袖口にギャザーを寄せてカフスをつけ、ゴムテープを通す

表カフス（裏）

① 裏カフスを出来上りに折る

裏カフス（表）

② 折り目を広げ、中表に二つ折りにして端（袖下）を縫う

わ

（裏）

③ 縫い代を割る

（裏）

④ 上身頃の袖口の縫い代に粗い針目のミシンを2本かける

袖下

前上身頃（表）

上後ろ身頃（表）

肩

⑤ 袖口と表カフスを中表に合わせ、カフス寸法に合わせて袖口にギャザーを寄せて縫う

袖下

肩と袖下を合わせる

表カフス（裏）

前上身頃（表）

肩

⑥ カフスを起こして出来上りに折り返し、裏カフスのつけ側の折り山を⑤の縫い目に合わせてしつけをかける

裏カフス（表）

前上身頃（裏）

⑦ 袖を表に返して表カフスのつけ側の際を縫い、しつけ糸を抜く

ゴムテープ通し口を袖下から後ろ側に2cm残す

後ろ下身頃（裏）

カフス（表）

前下身頃（表）

⑧ カフスにゴムテープを通し、端を1cm重ねて縫いとめる

裏カフス（表）

ゴムテープ

前上身頃（裏）　後ろ上身頃（裏）

⑨ ゴムテープ通し口を縫いとじる

裏カフス（表）

前上身頃（裏）　後ろ上身頃（裏）

8 裾を始末する

前下身頃（裏）

後ろ下身頃（裏）

三つ折りにして縫う

下身頃（裏）

際を縫う

9 ボタンをつける
→つけ位置はパターン参照

C_1 スクエアネックブラウス

photo > p.8

C_2 スクエアネックブラウス

photo > p.10-11

出来上り寸法

バスト120cm
着丈52cm
袖丈20cm

パターン　2表

材料

表布＝C1　リネン 150cm幅 150cm
　　　　　（インクラインブロックチェック　Faux & Cachet Inc.）
　　　　C2　リネン 110cm幅 180cm
　　　　　（60/ジャパンリネンOA21273C/#19　小原屋繊維）
接着芯＝90cm幅 70cm
ボタン＝直径1.3cmを6個

準備　＊裁合せ図も参照

◎前身頃と後ろ身頃の衿ぐりの角、前見返し、後ろ見返し、衿ぐり
　布の裏に接着芯をはる。

作り方順序

1　ポケットを作り、前身頃につける
2　前後身頃、前後見返しの肩をそれぞれ縫う
3　衿ぐり布をつけながら、衿ぐりと後ろ端を見返しで縫い返す
4　脇を縫う
5　袖を作り、つける
6　裾を始末する
7　ボタンホールを作り、ボタンをつける　→位置はパターン参照

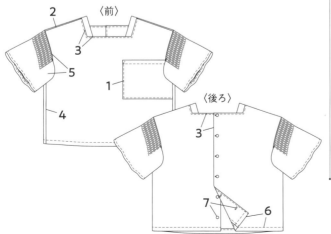

裁合せ図

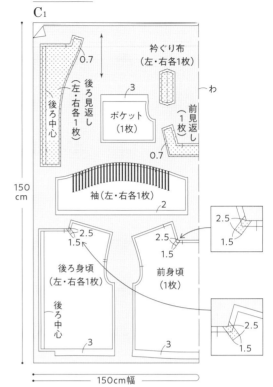

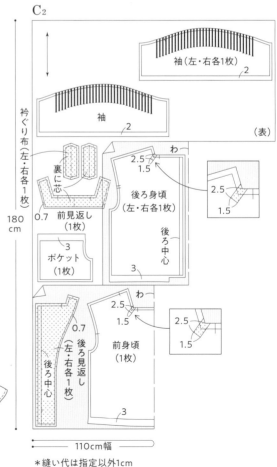

＊縫い代は指定以外1cm
＊ ▨ は裏に接着芯をはる位置

1 ポケットを作り、前身頃につける

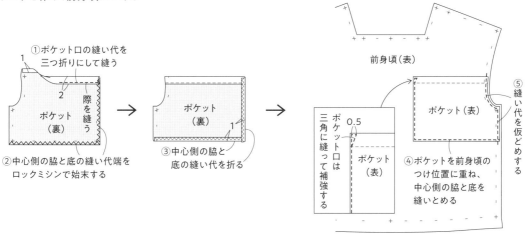

①ポケット口の縫い代を
三つ折りにして縫う

②中心側の脇と底の縫い代端を
ロックミシンで始末する

際を縫う

ポケット
（裏）

ポケット
（裏）

1

③中心側の脇と底の縫い代を折る

前身頃（表）

ポケット口は
三角に縫って補強する

0.5

ポケット
（表）

ポケット
（表）

④ポケットを前身頃の
つけ位置に重ね、
中心側の脇と底を
縫いとめる

⑤縫い代を仮どめする

2 前後身頃、前後見返しの肩をそれぞれ縫う

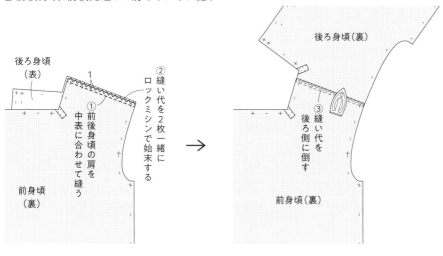

後ろ身頃
（表）

①前後身頃の肩を
中表に合わせて縫う

②縫い代を2枚一緒に
ロックミシンで始末する

前身頃
（裏）

後ろ身頃（裏）

③縫い代を後ろ側に倒す

前身頃（裏）

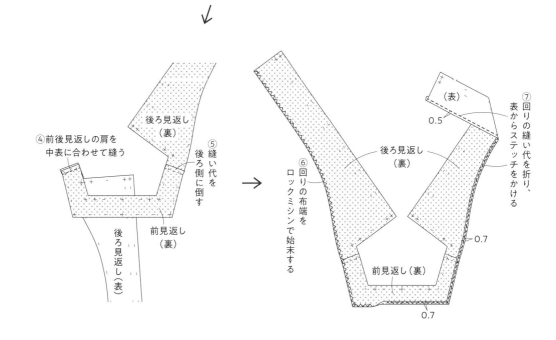

④前後見返しの肩を
中表に合わせて縫う

後ろ見返し
（裏）

⑤縫い代を後ろ側に倒す

前見返し
（裏）

後ろ見返し
（表）

⑥回りの布端を
ロックミシンで始末する

後ろ見返し
（裏）

前見返し（裏）

（表）

0.5

⑦回りの縫い代を折り、
表からステッチをかける

0.7

0.7

43

3 衿ぐり布をつけながら、衿ぐりと後ろ端を見返しで縫い返す

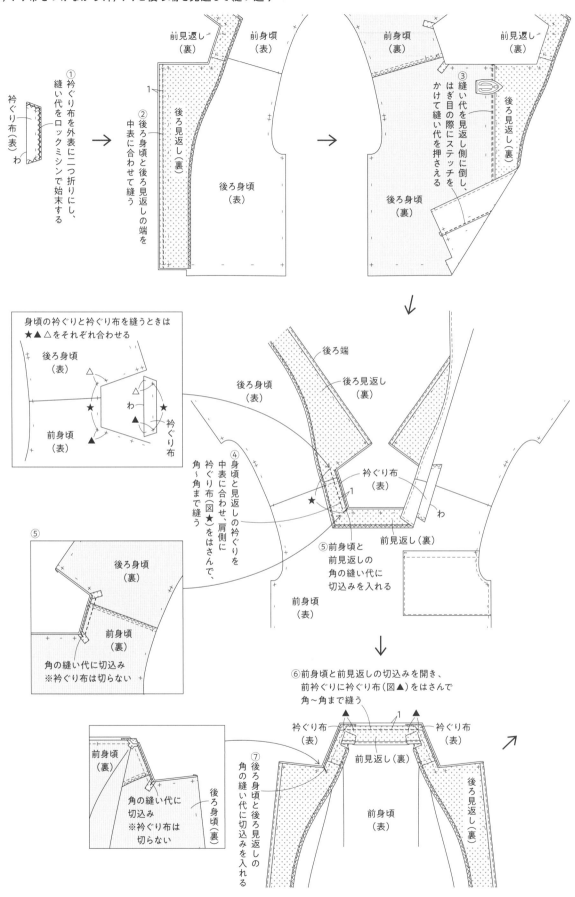

①衿ぐり布を外表に二つ折りにし、縫い代をロックミシンで始末する

衿ぐり布（表）
わ

②後ろ身頃と後ろ見返しの端を中表に合わせて縫う

前見返し（裏）
前身頃（表）
1
後ろ見返し（裏）
後ろ身頃（表）

③縫い代を見返し側に倒し、はぎ目の際にステッチをかけて縫い代を押さえる

前身頃（裏）
前見返し（裏）
後ろ見返し（裏）
後ろ身頃（裏）

身頃の衿ぐりと衿ぐり布を縫うときは
★▲△をそれぞれ合わせる

後ろ身頃（表）
△
△
前身頃（表）
★
わ
★
▲
▲
衿ぐり布

④身頃と見返しの衿ぐりを中表に合わせ、肩側に衿ぐり布（図★）をはさんで、角～角まで縫う

後ろ端
後ろ見返し（裏）
後ろ身頃（表）
衿ぐり布（表）
1
わ
★
前見返し（裏）
前身頃（表）

⑤前身頃と前見返しの角の縫い代に切込みを入れる

⑤
後ろ身頃（裏）
前身頃（裏）
角の縫い代に切込み
※衿ぐり布は切らない

⑥前身頃と前見返しの切込みを開き、前衿ぐりに衿ぐり布（図▲）をはさんで角～角まで縫う

▲
▲
衿ぐり布（表）
1
衿ぐり布（表）
前見返し（裏）
後ろ見返し（裏）
前身頃（表）

⑦後ろ身頃と後ろ見返しの角の縫い代に切込みを入れる

前身頃（裏）
角の縫い代に切込み
※衿ぐり布は切らない
後ろ身頃（裏）

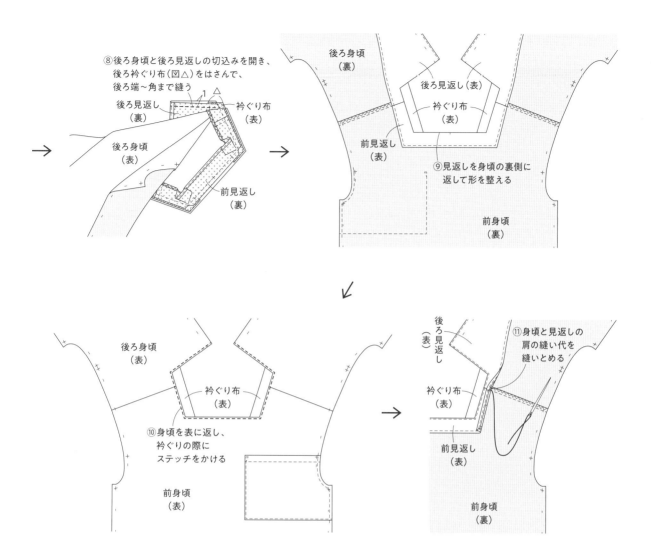

⑧後ろ身頃と後ろ見返しの切込みを開き、
後ろ衿ぐり布（図△）をはさんで、
後ろ端～角まで縫う

後ろ見返し（裏）

衿ぐり布（表）

後ろ身頃（表）

前見返し（裏）

後ろ身頃（裏）

後ろ見返し（表）

衿ぐり布（表）

前見返し（表）

⑨見返しを身頃の裏側に返して形を整える

前身頃（裏）

後ろ身頃（表）

衿ぐり布（表）

⑩身頃を表に返し、衿ぐりの際にステッチをかける

前身頃（表）

後ろ見返し（表）

⑪身頃と見返しの肩の縫い代を縫いとめる

衿ぐり布（表）

前見返し（表）

前身頃（裏）

4 脇を縫う

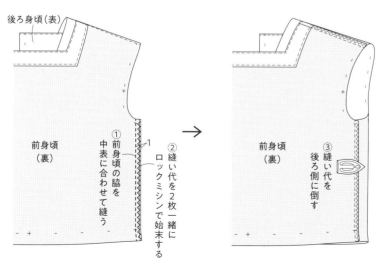

後ろ身頃（表）

前身頃（裏）

①前身頃の脇を中表に合わせて縫う

②縫い代を2枚一緒にロックミシンで始末する

前身頃（裏）

③縫い代を後ろ側に倒す

5 袖を作り、つける

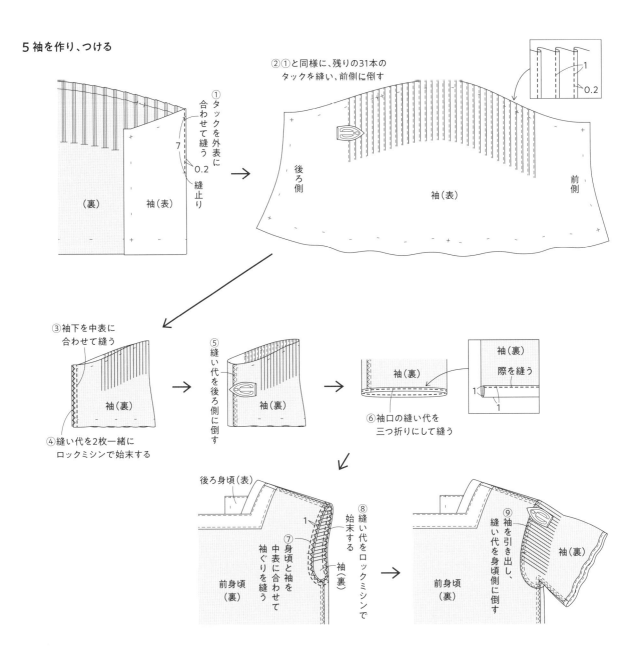

① タックを外表に合わせて縫う
7
0.2
縫止り
(裏)　袖(表)

② ①と同様に、残りの31本のタックを縫い、前側に倒す
1
0.2
後ろ側　袖(表)　前側

③ 袖下を中表に合わせて縫う
④ 縫い代を2枚一緒にロックミシンで始末する
袖(裏)

⑤ 縫い代を後ろ側に倒す
袖(裏)

袖(裏)
⑥ 袖口の縫い代を三つ折りにして縫う
袖(裏)　際を縫う
1

後ろ身頃(表)
1
⑦ 身頃と袖を中表に合わせて袖ぐりを縫う
⑧ 縫い代をロックミシンで始末する
袖(裏)
前身頃(裏)

⑨ 袖を引き出し、縫い代を身頃側に倒す
袖(裏)
前身頃(裏)

6 裾を始末する

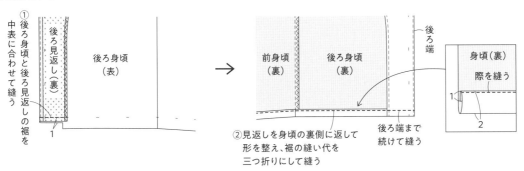

① 後ろ身頃と後ろ見返しの裾を中表に合わせて縫う
後ろ身頃(表)
後ろ見返し(裏)
1

② 見返しを身頃の裏側に返して形を整え、裾の縫い代を三つ折りにして縫う
前身頃(裏)　後ろ身頃(裏)　後ろ端
後ろ端まで続けて縫う
身頃(裏)　際を縫う
1
2

7 ボタンホールを作り、ボタンをつける
→位置はパターン参照

D Vネックブラウス

photo > p.12-13

出来上り寸法

バスト98cm+タック分10cm
着丈55cm
袖丈44cm

パターン　2裏

材料

表布=コットンストライプ 110cm幅 220cm
（14225　ソールパーノ）
接着芯=90cm幅 60cm
ボタン=直径1.15cmを8個

準備　＊裁合せ図も参照

◎前身頃の衿ぐりの角、前衿ぐり布と後ろ衿ぐり布、前見返しと後
ろ見返し、カフスの裏に接着芯をはる。

作り方順序

1　前身頃のタックをたたみ、後ろ身頃の後ろ端を折る
2　前後身頃と前後衿ぐり布の肩をそれぞれ縫う
3　衿ぐり布を身頃につける
4　見返しを作る
5　衿ぐりを見返しで縫い返す
6　脇を縫う
7　裾を始末する
8　袖口のあきを作る
9　袖にギャザー用のミシンをかけて、袖下を縫う
10　袖口にギャザーを寄せて、カフスをつける
11　袖山にギャザーを寄せて、袖をつける
12　ボタンホールを作り、ボタンをつける
　　→位置はパターン参照

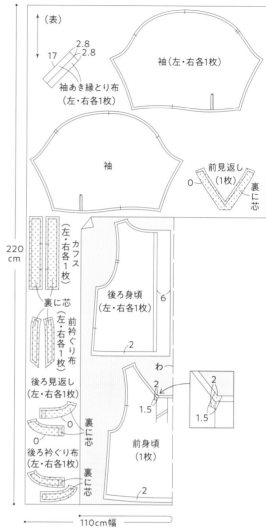

裁合せ図

＊縫い代は指定以外1cm
＊ ▨ は裏に接着芯をはる位置
＊袖あき縁とり布は図に示した寸法で裁つ

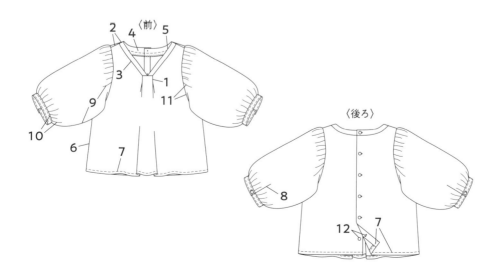

〈前〉

〈後ろ〉

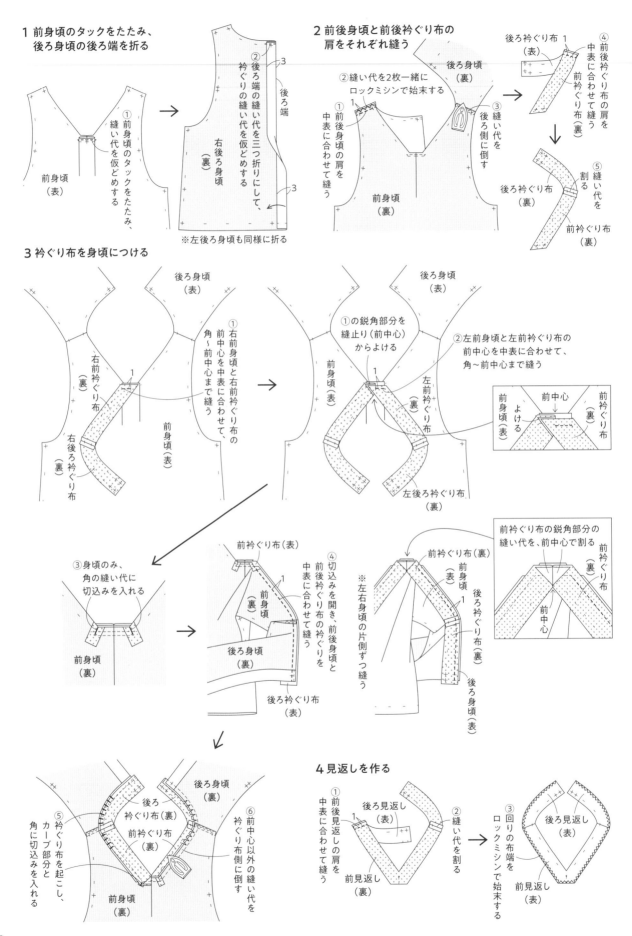

1 前身頃のタックをたたみ、後ろ身頃の後ろ端を折る

2 前後身頃と前後衿ぐり布の肩をそれぞれ縫う

3 衿ぐり布を身頃につける

4 見返しを作る

5 衿ぐりを見返しで縫い返す

6 脇を縫う

7 裾を始末する

8 袖口のあきを作る

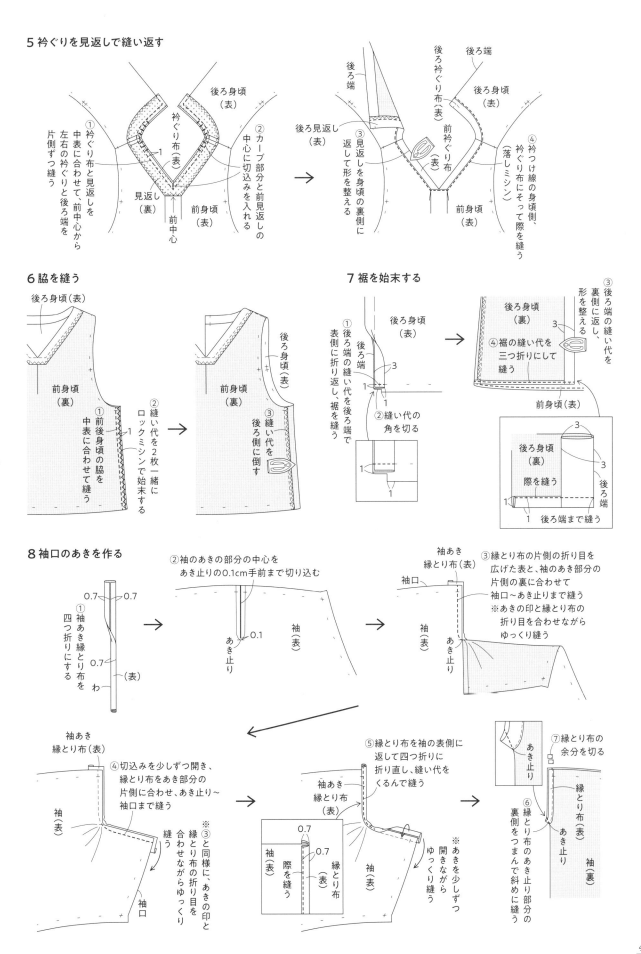

9 袖にギャザー用のミシンをかけて、袖下を縫う

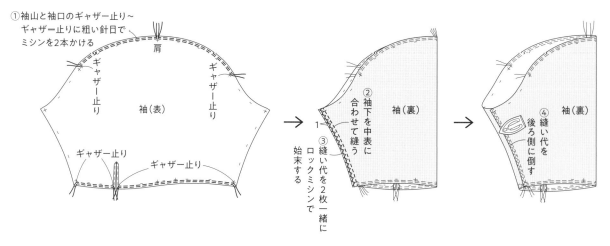

①袖山と袖口のギャザー止り〜
ギャザー止りに粗い針目で
ミシンを2本かける

肩
ギャザー止り
ギャザー止り
袖（表）
ギャザー止り
ギャザー止り

②袖下を中表に合わせて縫う
③縫い代を2枚一緒にロックミシンで始末する
袖（裏）

④縫い代を後ろ側に倒す
袖（裏）

10 袖口にギャザーを寄せて、カフスをつける

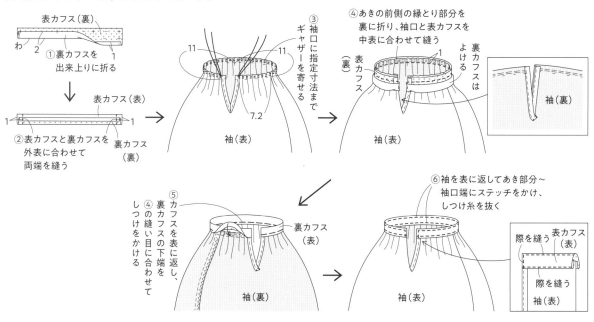

表カフス（裏）
わ
2
1
①裏カフスを出来上りに折る

表カフス（表）
1
裏カフス（裏）
1
②表カフスと裏カフスを外表に合わせて両端を縫う

③袖口に指定寸法までギャザーを寄せる
11
11
7.2
袖（表）

④あきの前側の縁とり部分を裏に折り、袖口と表カフスを中表に合わせて縫う
表カフス（裏）
1
裏カフスはよける
袖（表）

袖（裏）

④の縫い目に合わせてしつけをかける
⑤カフスを表に返し、裏カフスの下端を
裏カフス（表）
袖（裏）

⑥袖を表に返してあき部分〜袖口端にステッチをかけ、しつけ糸を抜く
際を縫う
表カフス（表）
際を縫う
袖（表）
袖（表）

11 袖山にギャザーを寄せて、袖をつける

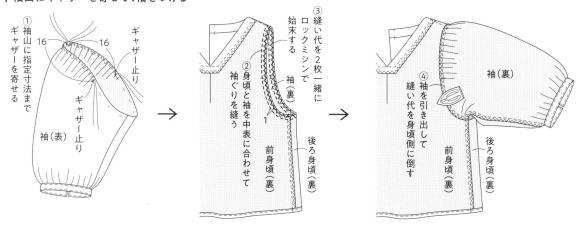

①袖山に指定寸法までギャザーを寄せる
16
16
ギャザー止り
ギャザー止り
ギャザー止り
袖（表）

③縫い代を2枚一緒にロックミシンで始末する
②身頃と袖を中表に合わせて袖ぐりを縫う
1
袖（裏）
前身頃（裏）
後ろ身頃（裏）

④袖を引き出して縫い代を身頃側に倒す
袖（裏）
前身頃（裏）
後ろ身頃（裏）

12 ボタンホールを作り、ボタンをつける →位置はパターン参照

E サイドスリットワンピース

photo > p.14-15

出来上り寸法

バスト130cm
ウエスト112cm
着丈122cm
袖丈55cm

パターン　1表

材料

表布=リネン106cm幅 390cm
（60/1×80/1ジャパンリネンOA221993C/#1　小原屋繊維）
接着芯=90cm幅 45cm
綿サテンテープ=1.2cm幅162cmを2本
くるみボタン=直径1cmを1個

準備　＊裁合せ図も参照

◎前見返し、後ろ見返し、表前ひも通し布の裏に接着芯をはる。
◎後ろ身頃の脇の縫い代端を、袖ぐり〜スリット止りまでロックミ
　シンで始末する。

作り方順序

1　前上身頃のタックをたたみ、縫う
2　前後ひも通し布をそれぞれ作る
3　前身頃上下を縫い、ギャザーを寄せてひも通し布を
　　つける
4　後ろ身頃にギャザーを寄せて、ひも通し布をつける
5　前後身頃の肩を縫う
6　ループを作って後ろ見返しに仮どめし、見返しを作る
7　衿ぐりとあきを見返しで縫い返す
8　脇を縫い、スリットを始末する
9　裾を始末する
10　袖を作り、つける
11　サテンテープの端を始末し、ひも通しに通す
12　ボタンをつける →つけ位置はパターン参照

裁合せ図

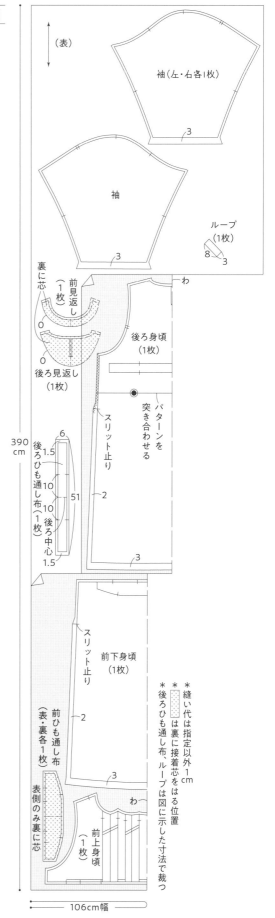

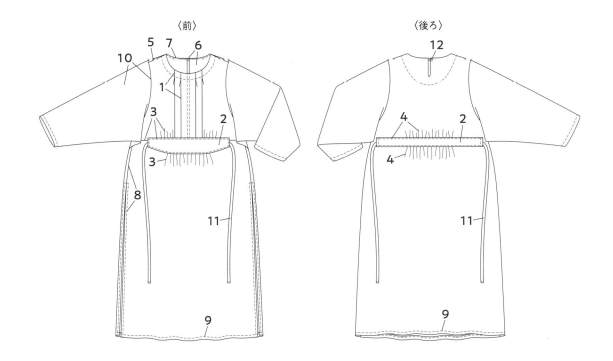

〈前〉　〈後ろ〉

1 前上身頃のタックをたたみ、縫う

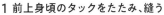

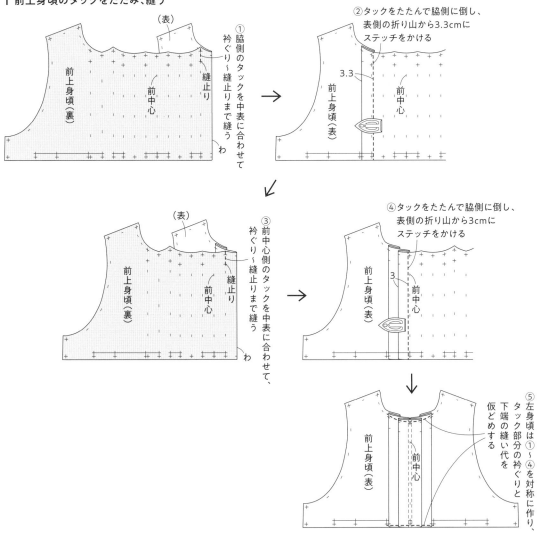

①脇側のタックを中表に合わせて衿ぐり～縫止りまで縫う

（表）

前上身頃（裏）

前中心

縫止り

わ

②タックをたたんで脇側に倒し、表側の折り山から3.3cmにステッチをかける

3.3

前上身頃（表）

前中心

③前中心側のタックを中表に合わせて、衿ぐり～縫止りまで縫う

（表）

前上身頃（裏）

前中心

縫止り

わ

④タックをたたんで脇側に倒し、表側の折り山から3cmにステッチをかける

3

前上身頃（表）

前中心

⑤左身頃は①～④を対称に作り、タック部分の衿ぐりと下端の縫い代を仮どめする

前上身頃（表）

前中心

2 前後ひも通し布をそれぞれ作る

〈前ひも通し布〉

①表裏前ひも通し布を中表に合わせ、返し口を残して回りを縫う

返し口9cm残す

裏前ひも通し布（裏）

表前ひも通し布（裏）

②カーブの縫い代に切込みを入れる

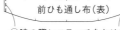

③表に返し、返し口の縫い代を裏に折り込む

前ひも通し布（表）

④脇の際にステッチをかける

〈後ろひも通し布〉

②上下の縫い代を折る

後ろひも通し布（裏）

①後ろひも通し布の脇の縫い代を三つ折りにして縫う

0.7

0.8

際を縫う

後ろひも通し布（裏）

3 前身頃上下を縫い、ギャザーを寄せてひも通し布をつける

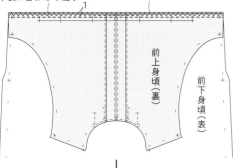

①前身頃上下の切替え線を中表に合わせて縫う

②縫い代を一緒にロックミシンで始末する

前上身頃（裏）

前下身頃（表）

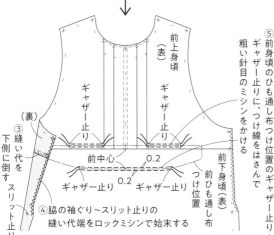

③縫い代を下側に倒す

（裏）

前上身頃（表）

ギャザー止り

ギャザー止り

前中心　0.2

0.2

ギャザー止り

ギャザー止り

前下身頃（表）

前ひも通し布つけ位置

スリット止り

④脇の袖ぐり〜スリット止りの縫い代端をロックミシンで始末する

⑤前身頃のひも通し布つけ位置のギャザー止り〜ギャザー止りに、つけ線をはさんで粗い針目のミシンをかける

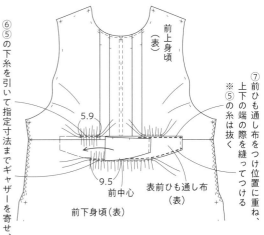

⑥⑤の下糸を引いて指定寸法までギャザーを寄せ、出来上り線の少し内側を縫ってギャザーを押さえる

前上身頃（表）

5.9

9.5

前中心

前下身頃（表）

表前ひも通し布（表）

⑦前ひも通し布をつけ位置に重ね、上下の端の際を縫ってつける　※⑤の糸は抜く

4 後ろ身頃にギャザーを寄せて、ひも通し布をつける

後ろ身頃（表）

ギャザー止り

後ろ中心

ギャザー止り

ギャザー止り

0.2　0.2

ギャザー止り

後ろひも通し布つけ位置

①後ろ身頃のひも通し布つけ位置のギャザー止り〜ギャザー止りに、つけ線をはさんで粗い針目のミシンを2本かける

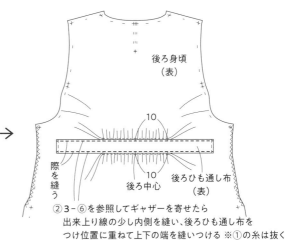

後ろ身頃（表）

10

10

際を縫う

後ろ中心

後ろひも通し布（表）

②3−⑥を参照してギャザーを寄せたら出来上り線の少し内側を縫い、後ろひも通し布をつけ位置に重ねて上下の端を縫いつける　※①の糸は抜く

5 前後身頃の肩を縫う

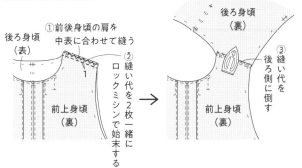

後ろ身頃（表）

①前後身頃の肩を中表に合わせて縫う
②縫い代を2枚一緒にロックミシンで始末する

前上身頃（裏）

後ろ身頃（裏）

③縫い代を後ろ側に倒す

前上身頃（裏）

6 ループを作って後ろ見返しに仮どめし、見返しを作る

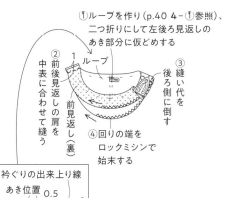

①ループを作り（p.40 4-①参照）、二つ折りにして左後ろ見返しのあき部分に仮どめする

②前後見返しの肩を中表に合わせて縫う

ループ

前見返し（裏）

③縫い代を後ろ側に倒す

④回りの端をロックミシンで始末する

衿ぐりの出来上り線
あき位置　0.5
端はあき位置内におさまるよう、余分を切る
縫う　1.5
左後ろ見返し（表）

7 衿ぐりとあきを見返しで縫い返す

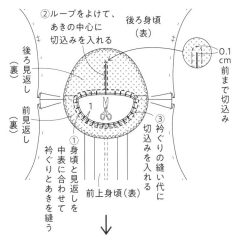

②ループをよけて、あきの中心に切込みを入れる

後ろ身頃（表）

後ろ見返し（裏）

前見返し（裏）

①身頃と見返しを中表に合わせて衿ぐりとあきを縫う

③衿ぐりの縫い代に切込みを入れる

前上身頃（表）

0.1cm 手前まで切込み

後ろ身頃（裏）

④見返しを身頃の裏側に返して形を整える

後ろ見返し（表）

前見返し（表）

前上身頃（裏）

⑤身頃をよけながら、見返しの衿ぐりの際を身頃の縫い代と縫い、縫い代を押さえる

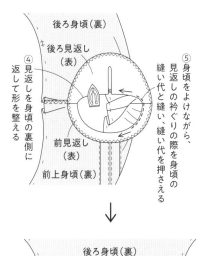

後ろ身頃（裏）

⑥形を整え直し、見返しの回りにステッチをかける

後ろ見返し（表）

前見返し（表）

前上身頃（裏）

8 脇を縫い、スリットを始末する

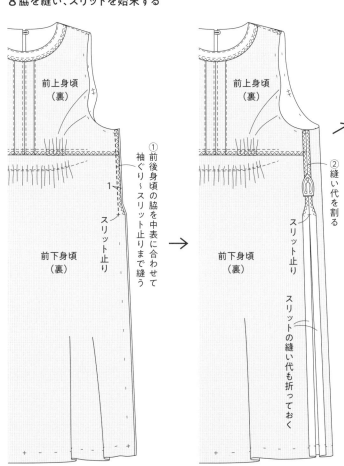

前上身頃（裏）

前下身頃（裏）

①前後身頃の脇を中表に合わせて袖ぐり～スリット止まりまで縫う

スリット止り

前上身頃（裏）

②縫い代を割る

前下身頃（裏）

スリット止り

スリットの縫い代も折っておく

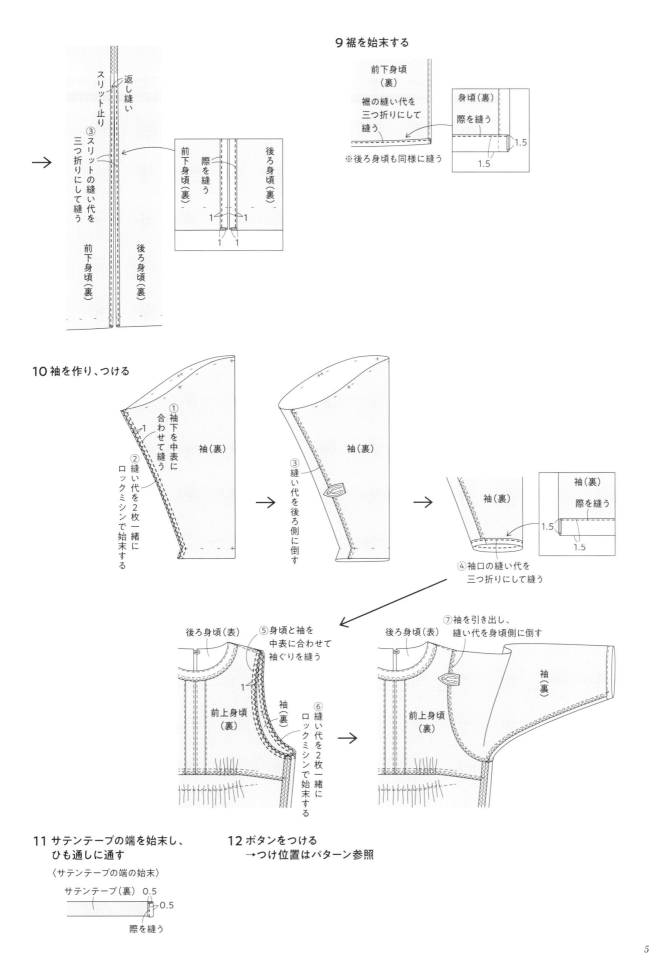

9 裾を始末する

前下身頃（裏）

裾の縫い代を三つ折りにして縫う

身頃（裏）

際を縫う

1.5

1.5

※後ろ身頃も同様に縫う

スリット止り

返し縫い

③スリットの縫い代を三つ折りにして縫う

前下身頃（裏）

後ろ身頃（裏）

際を縫う

前下身頃（裏）

後ろ身頃（裏）

1　1

1　1

---

10 袖を作り、つける

①袖下を中表に合わせて縫う

②縫い代を2枚一緒にロックミシンで始末する

1

袖（裏）

③縫い代を後ろ側に倒す

袖（裏）

袖（裏）

袖（裏）

際を縫う

1.5

1.5

④袖口の縫い代を三つ折りにして縫う

後ろ身頃（表）

⑤身頃と袖を中表に合わせて袖ぐりを縫う

1

前上身頃（裏）

袖（裏）

⑥縫い代を2枚一緒にロックミシンで始末する

後ろ身頃（表）

⑦袖を引き出し、縫い代を身頃側に倒す

前上身頃（裏）

袖（裏）

---

11 サテンテープの端を始末し、ひも通しに通す

〈サテンテープの端の始末〉

サテンテープ（裏）　0.5

0.5

際を縫う

12 ボタンをつける
→つけ位置はパターン参照

F レイヤードドレス

photo > p.16-17

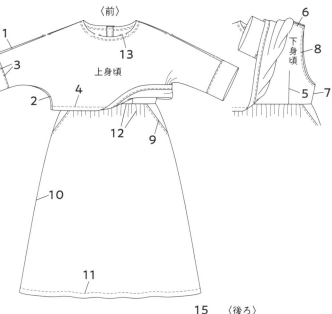

〈前〉

上身頃

下身頃

出来上り寸法

バスト 上身頃107.5cm
　　　 下身頃93cm
ウエスト83cm
着丈120cm
ゆき丈64cm

パターン 1裏

材料

表布=リネン110cm幅 380cm
（40ジャパンリネンOSDC40023C/#111　小原屋繊維）
接着芯=90cm幅 60cm
伸止めテープ=1.5cm幅 50cm
ボタン=直径1.5cmを7個

準備 ＊裁合せ図も参照

◎カフス、左短冊、右短冊の裏に接着芯、前スカートのポケット口
　の縫い代裏に伸止めテープをはる。

作り方順序

〈上身頃を作る〉
1　肩を縫う
2　袖下～脇を縫う
3　カフスを作り、袖口につける
4　裾を始末する

〈下身頃を作る〉
5　前後身頃のダーツを縫う
6　肩を縫う
7　脇を縫う
8　袖ぐりを始末する

〈スカートを作る〉
9　ポケットを作る →p.84 1参照
10　脇を縫う
11　裾を始末する →p.57 4参照
12　スカートにギャザーを寄せて、下身頃と縫う
13　上下身頃の衿ぐりを縫う
14　短冊をつける
15　ボタンホールを作り、ボタンをつける
　　　→位置はパターン参照

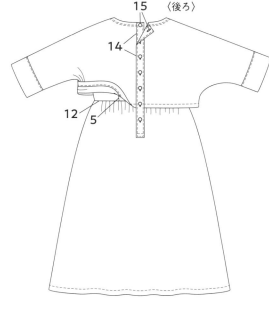

〈後ろ〉

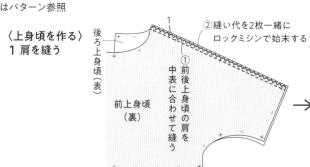

〈上身頃を作る〉
1 肩を縫う

②縫い代を2枚一緒に
ロックミシンで始末する

後ろ上身頃（表）

①前後上身頃の肩を
中表に合わせて縫う

前上身頃（裏）

→

後ろ上身頃（裏）

③縫い代を
後ろ側に倒す

前上身頃（裏）

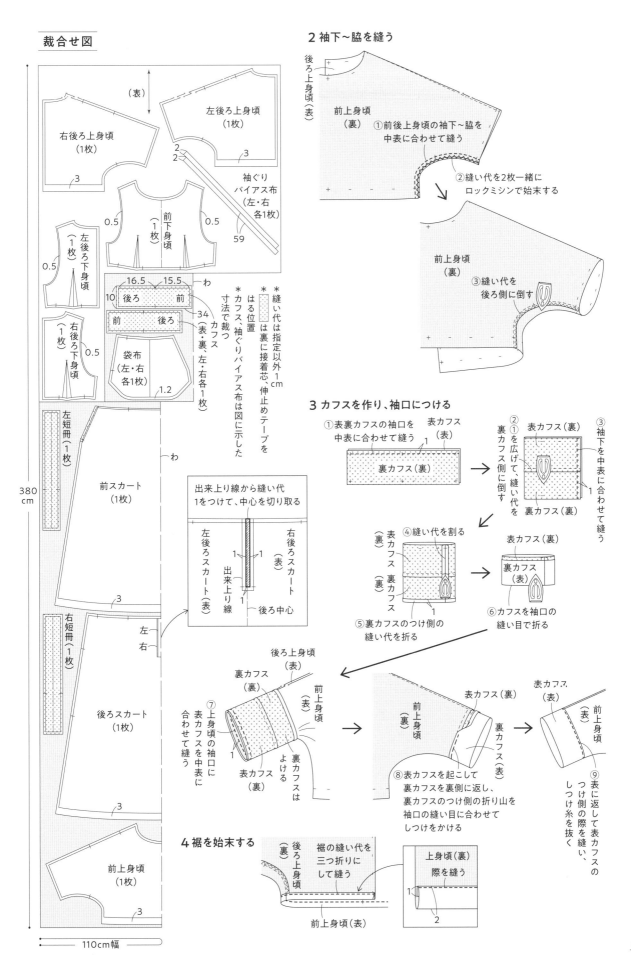

裁合せ図

（表）

右後ろ上身頃
（1枚）

左後ろ上身頃
（1枚）

3

2
2

袖ぐり
バイアス布
（左・右
各1枚）

59

3

左後ろ下身頃
（1枚）

前下身頃
（1枚）

0.5

0.5

0.5

右後ろ下身頃
（1枚）

0.5

わ

16.5　15.5

後ろ　　前

10

前　　後ろ

34

袋布
（左・右
各1枚）

1.2

カフス
（表・裏、左・右各1枚）

* 縫い代は指定以外1cm

□ははる位置

※□は裏に接着芯、伸止めテープをはる

* カフス、袖ぐりバイアス布は図に示した寸法で裁つ

左短冊
（1枚）

わ

前スカート
（1枚）

380
cm

右後ろスカート
（表）

出来上り線から縫い代1をつけて、中心を切り取る

左後ろスカート
（表）

1　1

出来上り線

1

後ろ中心

右短冊
（1枚）

左

右

後ろスカート
（1枚）

前上身頃
（1枚）

3

110cm幅

2 袖下〜脇を縫う

後ろ上身頃（表）

前上身頃
（裏）

①前後上身頃の袖下〜脇を
中表に合わせて縫う

②縫い代を2枚一緒に
ロックミシンで始末する

前上身頃
（裏）

③縫い代を
後ろ側に倒す

3 カフスを作り、袖口につける

①表裏カフスの袖口を
中表に合わせて縫う

表カフス
（表）

1

裏カフス（裏）

②①を広げて、縫い代を
裏カフス側に倒す

表カフス（裏）

③袖下を
中表に
合わせて
縫う

表カフス（裏）

裏カフス（裏）

1

④縫い代を割る

表カフス
（裏）

表カフス
（裏）

裏カフス
（裏）

⑤裏カフスのつけ側の
縫い代を折る

表カフス（裏）

裏カフス
（表）

⑥カフスを袖口の
縫い目で折る

裏カフス
（裏）

後ろ上身頃
（表）

前上身頃
（表）

⑦上身頃の袖口に
表カフスを中表に
合わせて縫う

表カフス（裏）

裏カフスは
よける

1

前上身頃
（裏）

表カフス（裏）

裏カフス
（表）

⑧表カフスを起こして
裏カフスを裏側に返し、
裏カフスのつけ側の折り山を
袖口の縫い目に合わせて
しつけをかける

表カフス
（表）

前上身頃
（表）

⑨表に返して表カフスの
つけ側の際を縫い、
しつけ糸を抜く

4 裾を始末する

後ろ上身頃
（裏）

裾の縫い代を
三つ折りに
して縫う

上身頃（裏）
際を縫う

1

2

前上身頃（表）

前上身頃（表）

〈下身頃を作る〉
5 前後身頃のダーツを縫う

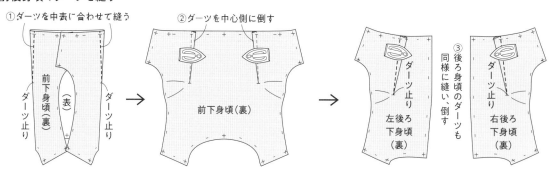

①ダーツを中表に合わせて縫う
②ダーツを中心側に倒す
③後ろ身頃も同様に縫い、倒す

ダーツ止り
前下身頃（裏）
ダーツ止り
（表）

前下身頃（裏）

ダーツ止り
左後ろ下身頃（裏）

ダーツ止り
右後ろ下身頃（裏）

6 肩を縫う

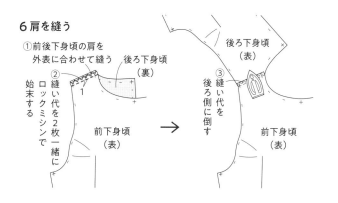

①前後下身頃の肩を外表に合わせて縫う
②縫い代を2枚一緒にロックミシンで始末する
後ろ下身頃（裏）
前下身頃（表）

後ろ下身頃（表）
③縫い代を後ろ側に倒す
前下身頃（表）

7 脇を縫う

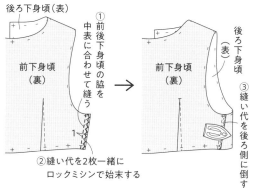

後ろ下身頃（表）
①前後下身頃の脇を中表に合わせて縫う
前下身頃（裏）
②縫い代を2枚一緒にロックミシンで始末する

前下身頃（裏）
後ろ下身頃（表）
③縫い代を後ろ側に倒す

8 袖ぐりを始末する

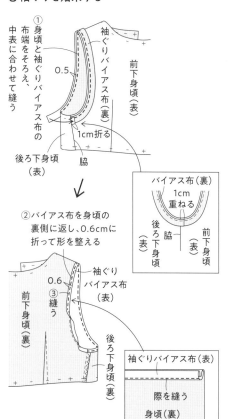

①身頃と袖ぐりの布端をそろえ、中表に合わせて縫う
0.5
袖ぐりバイアス布
前下身頃（裏）
1cm折る
後ろ下身頃（表）
脇

バイアス布（裏）
1cm重ねる
脇
後ろ下身頃（表）
前下身頃（表）

②バイアス布を身頃の裏側に返し、0.6cmに折って形を整える

袖ぐりバイアス布（表）
0.6
③縫う
前下身頃（裏）
後ろ下身頃（裏）

袖ぐりバイアス布（表）
際を縫う
身頃（裏）

〈スカートを作る〉
9 ポケットを作る →p.84 1参照

10 脇を縫う

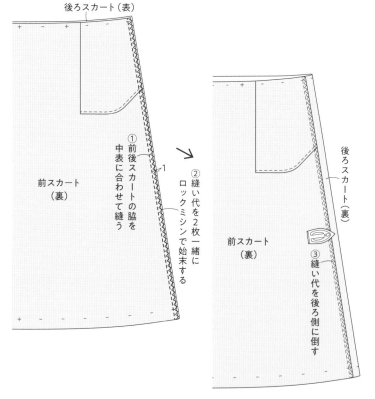

後ろスカート（表）
前スカート（裏）
①前後スカートの脇を中表に合わせて縫う
②縫い代を2枚一緒にロックミシンで始末する

後ろスカート（裏）
前スカート（裏）
③縫い代を後ろ側に倒す

11 裾を始末する →p.57 4参照

12 スカートにギャザーを寄せて、下身頃と縫う

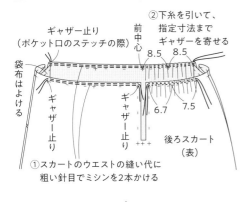

ギャザー止り
（ポケット口のステッチの際）

袋布はよける

ギャザー止り

前中心

②下糸を引いて、指定寸法までギャザーを寄せる

8.5　8.5

ギャザー止り

6.7　7.5

後ろスカート（表）

①スカートのウエストの縫い代に粗い針目でミシンを2本かける

↓

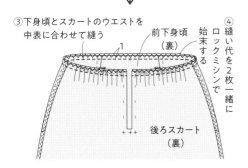

③下身頃とスカートのウエストを中表に合わせて縫う

1

前下身頃（裏）

④縫い代を2枚一緒にロックミシンで始末する

後ろスカート（裏）

↓

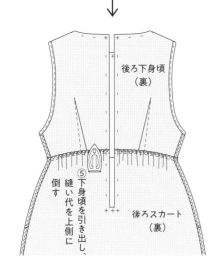

後ろ下身頃（裏）

⑤下身頃を引き出し、縫い代を上側に倒す

後ろスカート（裏）

13 上下身頃の衿ぐりを縫う

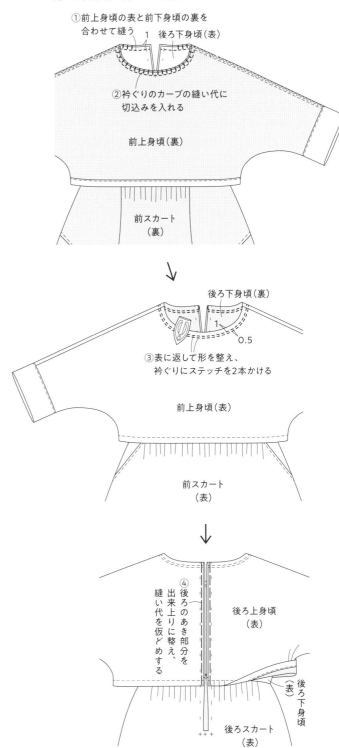

①前上身頃の表と前下身頃の裏を合わせて縫う
1　後ろ下身頃（表）

②衿ぐりのカーブの縫い代に切込みを入れる

前上身頃（裏）

前スカート（裏）

↓

後ろ下身頃（裏）

1

0.5

③表に返して形を整え、衿ぐりにステッチを2本かける

前上身頃（表）

前スカート（表）

↓

④後ろのあき部分を出来上りに整え、縫い代を仮どめする

後ろ上身頃（表）

（表）　後ろ下身頃

後ろスカート（表）

14 短冊をつける

①短冊の裏側と
下端の縫い代を
折る

②左右短冊それぞれの
幅の中央(出来上り線)
で折る

③短冊の②の折り目を広げて左右それぞれを、
左右上後ろ身頃〜後ろスカートに中表に合わせて縫う

④後ろスカートの縫い代の角に
切込みを入れる

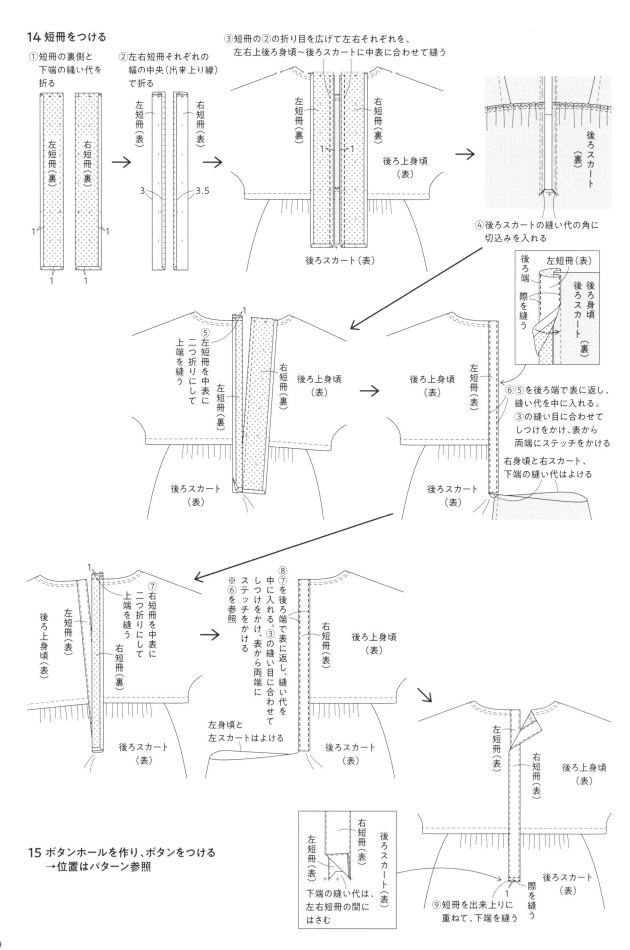

⑤左短冊を中表に
二つ折りにして
上端を縫う

⑥⑤を後ろ端で表に返し、
縫い代を中に入れる。
③の縫い目に合わせて
しつけをかけ、表から
両端にステッチをかける

右身頃と右スカート、
下端の縫い代はよける

⑦右短冊を中表に
二つ折りにして
上端を縫う

⑧⑦を後ろ端で表に返し、縫い代を
中に入れる。③の縫い目に合わせて
しつけをかけ、表から両端に
ステッチをかける
※⑥を参照

左身頃と
左スカートはよける

下端の縫い代は、
左右短冊の間に
はさむ

⑨短冊を出来上りに
重ねて、下端を縫う

15 ボタンホールを作り、ボタンをつける
→位置はパターン参照

G タックパンツ

photo > p.10-11, p.27

出来上り寸法

ウエスト（ゴム上り）70cm
ヒップ115cm
パンツ丈95cm

パターン　1表

材料

表布＝リネンキャンバス 112cm幅 230cm（Soil　DARUMA FABRIC）
接着芯＝90cm幅 25cm
　　　　※芯は表布と布目が変わります。使用する芯によっては、
　　　　はぎが入ります
伸止めテープ＝1.5cm幅 50cm
ゴムテープ＝3cm幅 71.5cm
コットンサテンテープ 1.5cm幅 162cm

準備　＊裁合せ図も参照

◎ウエストベルトの裏に接着芯、前パンツのポケット口の裏に伸止
　めテープをはる。
◎後ろポケットの脇と底の縫い代端をロックミシンで始末する。

作り方順序

1　後ろポケットを作り、つける
2　前パンツのタックを縫う
3　脇ポケットを作る→p.84 1参照。ただし⑤は省く
4　脇を縫う
5　股下を縫う
6　股上を縫う
7　ウエストベルトを作り、パンツのウエストにつけてゴ
　　ムテープを通す
8　サテンテープの端を始末して、ウエストベルトに通す
9　裾を始末する

裁合せ図

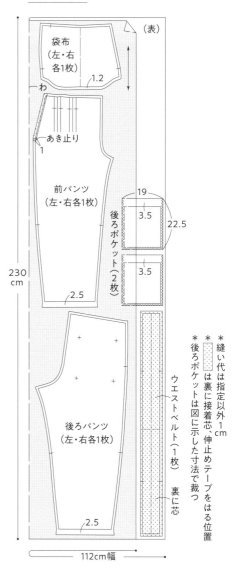

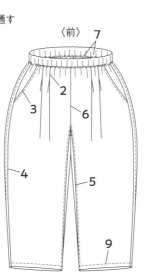

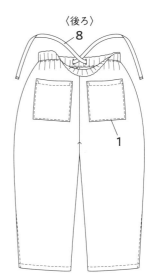

1 後ろポケットを作り、つける

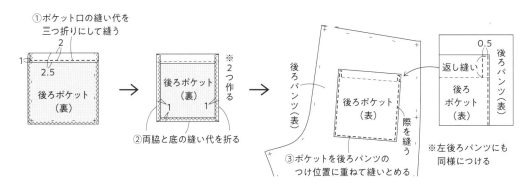

①ポケット口の縫い代を三つ折りにして縫う
2
1
2.5
後ろポケット（裏）

②両脇と底の縫い代を折る
後ろポケット（裏）
1　1
※2つ作る

③ポケットを後ろパンツのつけ位置に重ねて縫いとめる
後ろパンツ（表）
後ろポケット（表）
際を縫う

0.5
返し縫い
後ろポケット（表）
後ろパンツ（表）
※左後ろパンツにも同様につける

2 前パンツのタックを縫う

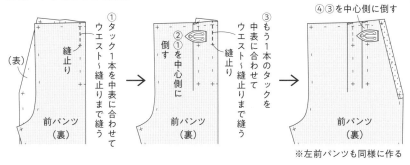

①タック1本を中表に合わせてウエスト～縫止りまで縫う
縫止り
（表）
前パンツ（裏）

②①を中心側に倒す
①を中心側に倒す
縫止り
③もう1本のタックを中表に合わせてウエスト～縫止りまで縫う
前パンツ（裏）

④③を中心側に倒す
前パンツ（裏）
※左前パンツも同様に作る

3 脇ポケットを作る

袋布（裏）
前パンツ（表）
袋布を出来上りの形に整え、ウエストと脇の縫い代を仮どめする

※p.84-1を参照。ただし⑤を省き、上図の工程に進む

4 脇を縫う

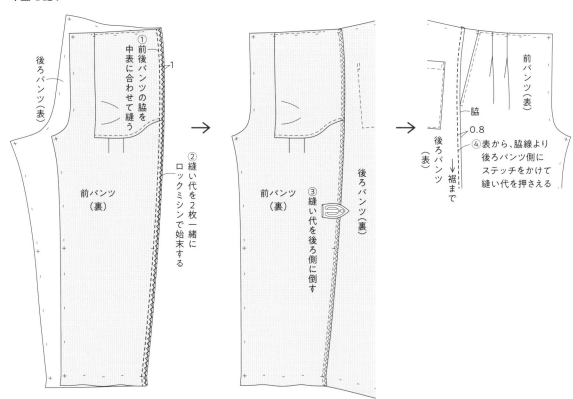

後ろパンツ（表）
①前後パンツの脇を中表に合わせて縫う
1
②縫い代を2枚一緒にロックミシンで始末する
前パンツ（裏）

前パンツ（裏）
③縫い代を後ろ側に倒す
後ろパンツ（裏）

後ろパンツ（表）
脇
0.8
裾まで
前パンツ（表）
④表から、脇線より後ろパンツ側にステッチをかけて縫い代を押さえる

5 股下を縫う

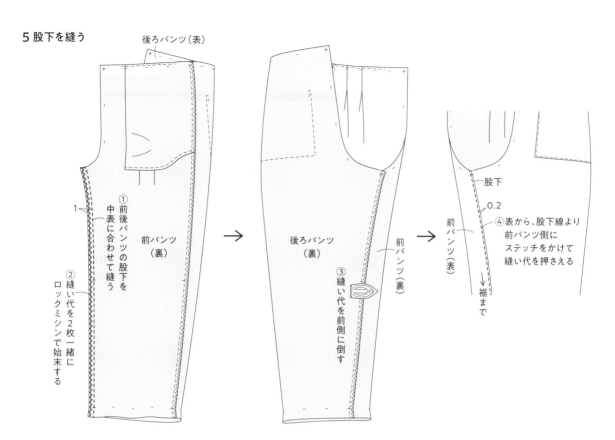

後ろパンツ（表）

① 前後パンツの股下を中表に合わせて縫う

② 縫い代を2枚一緒にロックミシンで始末する

1

前パンツ（裏）

→

後ろパンツ（裏）

③ 縫い代を前側に倒す

前パンツ（裏）

→

股下

0.2

前パンツ（表）

④ 表から、股下線より前パンツ側にステッチをかけて縫い代を押さえる

裾まで

6 股上を縫う

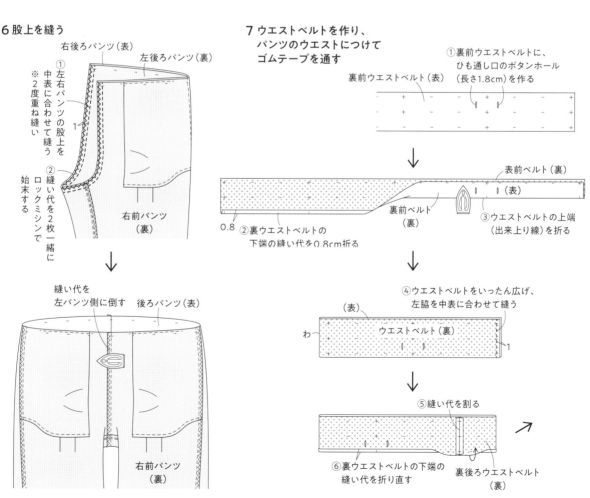

右後ろパンツ（表）　左後ろパンツ（裏）

① 左右パンツの股上を中表に合わせて縫う

※ 2度重ね縫い

② 縫い代を2枚一緒にロックミシンで始末する

1

右前パンツ（裏）

↓

縫い代を左パンツ側に倒す　後ろパンツ（表）

右前パンツ（裏）

7 ウエストベルトを作り、パンツのウエストにつけてゴムテープを通す

① 裏前ウエストベルトに、ひも通し口のボタンホール（長さ1.8cm）を作る

裏前ウエストベルト（表）

↓

表前ベルト（裏）

（表）

裏前ベルト（裏）

0.8　② 裏ウエストベルトの下端の縫い代を0.8cm折る

③ ウエストベルトの上端（出来上り線）を折る

↓

④ ウエストベルトをいったん広げ、左脇を中表に合わせて縫う

（表）

わ

ウエストベルト（裏）

1

↓

⑤ 縫い代を割る

⑥ 裏ウエストベルトの下端の縫い代を折り直す

裏後ろウエストベルト（裏）

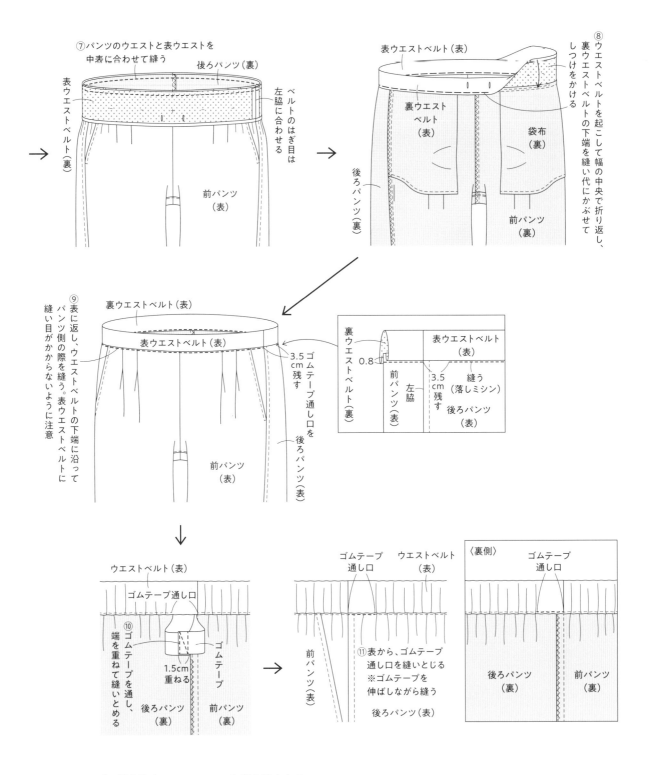

⑦パンツのウエストと表ウエストを中表に合わせて縫う

表ウエストベルト（裏）

後ろパンツ（裏）

ベルトのはぎ目は左脇に合わせる

前パンツ（表）

⑧ウエストベルトを起こして幅の中央で折り返し、裏ウエストベルトの下端を縫い代にかぶせてしつけをかける

表ウエストベルト（表）

裏ウエストベルト（表）

袋布（裏）

後ろパンツ（裏）

前パンツ（裏）

⑨表に返し、ウエストベルトの下端に沿ってパンツ側の際を縫う。表ウエストベルトに縫い目がかからないように注意

裏ウエストベルト（表）

表ウエストベルト（表）

前パンツ（表）

3.5cm残す

ゴムテープ通し口を後ろパンツ（表）

裏ウエストベルト（裏）

0.8

前パンツ（表）

左脇

表ウエストベルト（表）

3.5cm残す

縫う（落しミシン）

後ろパンツ（表）

ウエストベルト（表）

ゴムテープ通し口

⑩ゴムテープを通し、端を重ねて縫いとめる

1.5cm重ねる

ゴムテープ

後ろパンツ（裏）

前パンツ（裏）

ゴムテープ通し口

ウエストベルト（表）

前パンツ（表）

⑪表から、ゴムテープ通し口を縫いとじる
※ゴムテープを伸ばしながら縫う

後ろパンツ（表）

〈裏側〉

ゴムテープ通し口

後ろパンツ（裏）

前パンツ（裏）

8 サテンテープの端を始末して、ウエストベルトに通す

〈サテンテープの端の始末〉

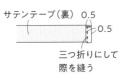

サテンテープ（裏）　0.5

0.5

三つ折りにして際を縫う

9 裾を始末する

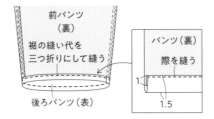

前パンツ（裏）

裾の縫い代を三つ折りにして縫う

後ろパンツ（表）

パンツ（裏）

際を縫う

1

1.5

H_1 サロペット（無地）

photo > p.18-21

H_2 サロペット（花柄）

photo > p.31

出来上り寸法

バスト95cm
ヒップ124cm
着丈（ひもを除く）118cm

パターン　1裏

材料

表布＝H1 コットンテンセルリヨセル 108cm幅 310cm
　　　　　（13256　ソールパーノ）
　　　　H2 コットンローン 110cm幅 290cm
　　　　　（ストロベリー・シーフ・スプリング　リバティジャパン）
接着芯＝90cm幅 70cm
伸止めテープ＝1.5cm幅 35cm
ゴムテープ＝0.8cm幅 18cmを4本
くるみボタン＝直径1.4cmを4個

準備　　＊裁合せ図も参照

◎見返し、持出し、表前ヨーク、裏前ヨーク、表裏後ろ脇ベルトの
　裏に接着芯、前パンツのポケット口の縫い代裏に伸止めテープ
　をはる。

作り方順序

1　ポケットを作り、脇を縫う（→p.89-1参照）。左前パンツはあき
　　に見返しをつける
2　股下を縫う
3　股上を縫う
4　前ヨークと後ろ脇ベルト、後ろベルトを縫う
5　ループとひもを作り、裏後ろベルトと裏前ヨークに仮どめする
6　前パンツにギャザーを寄せて、表前ヨークと表後ろ脇ベルト、
　　表後ろベルトをつける
7　左後ろパンツのあきに持出しをつけて、左脇を始末する
8　表裏前ヨークと後ろ脇ベルト、後ろベルトを縫い、後ろベルト
　　にゴムテープを通す
9　裾フリルを作り、つける
10　ボタンホールを作り、ボタンをつける →位置はパターン参照

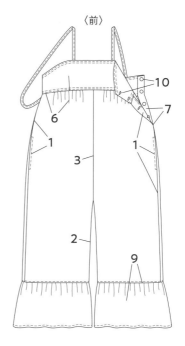

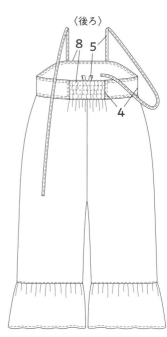

裁合せ図

H₁

(裏)

10.5

30

後ろベルト
(表・裏各1枚)

袋布
(左・右
各2枚)

袋布

持出し
(1枚)

1.2

見返し
(1枚)

0.7

4.5

ひも（左・右各1枚）

1

1

ポケット口

前パンツ
(左・右各1枚)

わ

92

5

6

ループ
(左・右
各1枚)

ポケット口

後ろパンツ
(左・右各1枚)

310
cm

裏に芯

前ヨーク(表・裏各1枚)

前ヨーク

わ

17

10.5

後ろ脇ベルト
(表・裏各2枚)

後ろ

脇

△

△

前

裾フリル
(左・右各1枚)

2

前

24.5
=

△

脇

▲

26
=

後ろ

裾フリル

2

23

108cm幅

103

＊縫い代は指定以外1cm
＊ は裏に接着芯、伸止めテープをはる位置
＊後ろベルト、後ろ脇ベルト、裾フリル、ループ、ひもは
　図に示した寸法で裁つ
＊裾フリルの △＝24.5cm
　　　　　　 ▲＝26cm

H₂

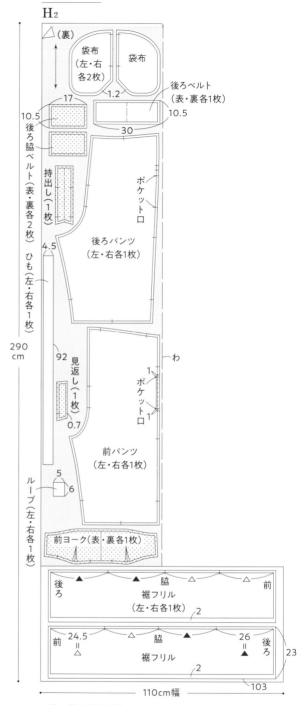

(裏)

袋布
(左・右
各2枚)

袋布

1.2

後ろベルト
(表・裏各1枚)

10.5

17

30

後ろ脇ベルト（表・裏各2枚）

10.5

持出し
(1枚)

4.5

後ろパンツ
(左・右各1枚)

92

見返し(1枚)

0.7

ひも（左・右各1枚）

1

1

ポケット口

わ

前パンツ
(左・右各1枚)

5

6

ループ（左・右各1枚）

前ヨーク(表・裏各1枚)

290
cm

後ろ

▲

△

脇

△

前

裾フリル
(左・右各1枚)

2

前

24.5
=

△

脇

▲

26
=

後ろ

▲

裾フリル

2

23

110cm幅

103

＊縫い代は指定以外1cm
＊ は裏に接着芯、伸止めテープをはる位置
＊後ろベルト、後ろ脇ベルト、裾フリル、ループ、ひもは
　図に示した寸法で裁つ
＊裾フリルの △＝24.5cm
　　　　　　 ▲＝26cm

1 ポケットを作り、脇を縫う。左前パンツはあきに見返しをつける

〈右パンツ〉p.89 1参照

〈左パンツ〉

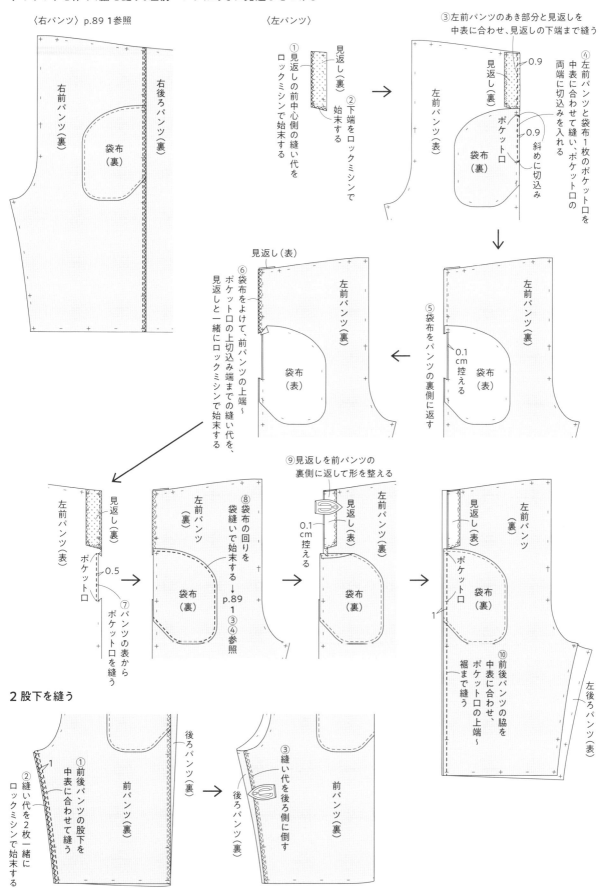

① 見返しの前中心側の縫い代をロックミシンで始末する

② 下端をロックミシンで始末する

③ 左前パンツのあき部分と見返しを中表に合わせ、見返しの下端まで縫う

④ 左前パンツと袋布1枚のポケット口を中表に合わせて縫い、ポケット口の両端に切込みを入れる

0.9

0.9 斜めに切込み

⑤ 袋布をパンツの裏側に返す

0.1cm控える

⑥ 袋布をよけて、前パンツの上切込み端までの縫い代を、見返しと一緒にロックミシンで始末する

ポケット口の上切込み端までの縫い代を、見返しと一緒にロックミシンで始末する

⑦ パンツの表からポケット口を縫う

0.5

⑧ 袋布の回りを袋縫いで始末する →p.89 1 ③④参照

⑨ 見返しを前パンツの裏側に返して形を整える

0.1cm控える

⑩ 前後パンツの脇を中表に合わせ、ポケット口の上端〜裾まで縫う

2 股下を縫う

① 前後パンツの股下を中表に合わせて縫う

1

② 縫い代を2枚一緒にロックミシンで始末する

③ 縫い代を後ろ側に倒す

3 股上を縫う

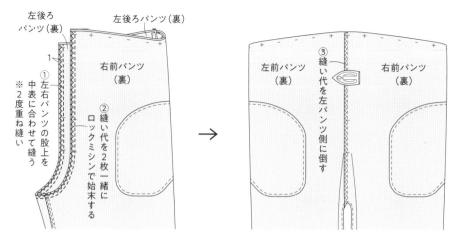

左後ろ
パンツ(裏)　　　　　左後ろパンツ(裏)

①左右パンツの股上を
中表に合わせて縫う
※2度重ね縫い

②縫い代を2枚一緒に
ロックミシンで始末する

右前パンツ
(裏)

→

左前パンツ
(裏)

③縫い代を左パンツ側に倒す

右前パンツ
(裏)

4 前ヨークと後ろ脇ベルト、後ろベルトを縫う

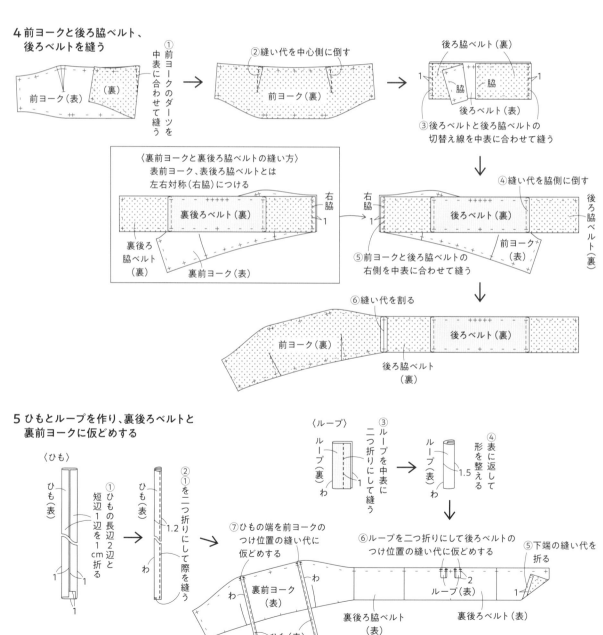

前ヨーク(表)　　(裏)

①前ヨークのダーツを
中表に合わせて縫う

→

②縫い代を中心側に倒す

前ヨーク(裏)

→

後ろ脇ベルト(裏)

1　　脇　　脇　　1

後ろベルト(表)

③後ろベルトと後ろ脇ベルトの
切替え線を中表に合わせて縫う

〈裏前ヨークと裏後ろ脇ベルトの縫い方〉
表前ヨーク、表後ろ脇ベルトとは
左右対称(右脇)につける

右脇

裏後ろベルト(裏)　　1

裏後ろ
脇ベルト
(裏)　　　裏前ヨーク(表)

→

④縫い代を脇側に倒す

右脇
1

後ろベルト(裏)

前ヨーク
(表)

後ろ脇
ベルト
(裏)

⑤前ヨークと後ろ脇ベルトの
右側を中表に合わせて縫う

↓

⑥縫い代を割る

前ヨーク(裏)

後ろベルト(裏)

後ろ脇ベルト
(裏)

5 ひもとループを作り、裏後ろベルトと裏前ヨークに仮どめする

〈ひも〉

ひも(表)

①ひもの長辺2辺と
短辺1辺を1cm折る

1　　1

1

→

ひも(表)

1.2

②①を二つ折りにして
際を縫う

わ

〈ループ〉

ループ
(裏)

わ

③ループを中表に
二つ折りにして縫う

→

ループ(表)

1.5

わ

④表に返して
形を整える

↓

⑦ひも端を前ヨークの
つけ位置の縫い代に
仮どめする

わ　　わ

裏前ヨーク
(表)

ひも(表)

⑥ループを二つ折りにして後ろベルトの
つけ位置の縫い代に仮どめする

ループ(表)

2

裏後ろ脇ベルト
(表)

裏後ろベルト(表)

⑤下端の縫い代を
折る

1

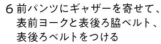

6 前パンツにギャザーを寄せて、表前ヨークと表後ろ脇ベルト、表後ろベルトをつける

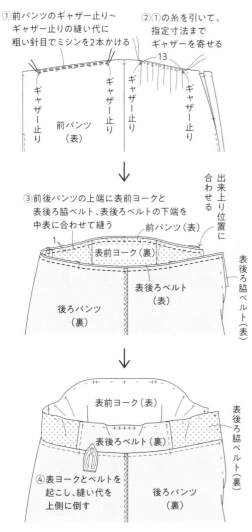

①前パンツのギャザー止り～ギャザー止りの縫い代に粗い針目でミシンを2本かける

②①の糸を引いて、指定寸法までギャザーを寄せる

13

ギャザー止り　ギャザー止り　ギャザー止り　ギャザー止り

前パンツ（表）

出来上り位置に合わせる

③前後パンツの上端に表前ヨークと表後ろ脇ベルト、表後ろベルトの下端を中表に合わせて縫う

前パンツ（表）

1

表前ヨーク（裏）

表後ろベルト（表）

表後ろ脇ベルト（表）

後ろパンツ（裏）

表前ヨーク（表）

表後ろベルト（裏）

表後ろ脇ベルト（裏）

④表ヨークとベルトを起こし、縫い代を上側に倒す

後ろパンツ（裏）

7 左後ろパンツのあきに持出しをつけて、左脇を始末する

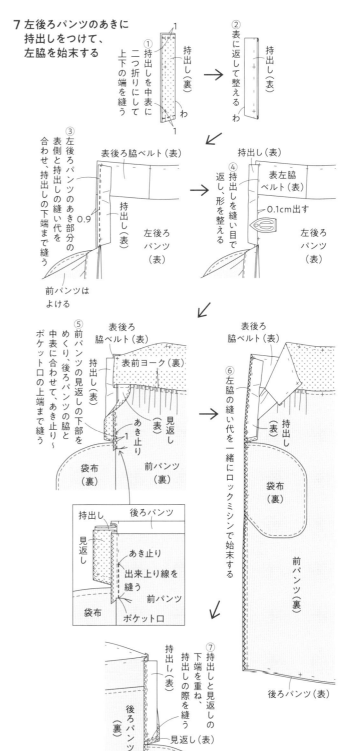

①持出しを中表にして二つ折りにして上下の端を縫う

持出し（裏）

わ

1　1

②表に返して整える

持出し（表）

わ

③左後ろパンツの表側と持出しの表側を合わせ、持出しの縫い代を合わせ、持出しの下端まで縫う

表後ろ脇ベルト（表）

0.9

持出し（表）

左後ろパンツ（表）

④持出しを縫い目で返し、形を整える

持出し（表）

表左脇ベルト（表）

0.1cm出す

左後ろパンツ（表）

前パンツはよける

⑤前パンツの見返しの下部をめくり、後ろパンツの脇と中表に合わせて、あき止り～ポケット口の上端まで縫う

表後ろ脇ベルト（表）

持出し（表）

表前ヨーク（裏）

見返し（表）

あき止り

1

袋布（裏）

前パンツ（裏）

持出し　後ろパンツ

見返し

あき止り

出来上り線を縫う

前パンツ

袋布

ポケット口

⑥左脇の縫い代を一緒にロックミシンで始末する

表後ろ脇ベルト（表）

持出し（表）

袋布（裏）

前パンツ（裏）

後ろパンツ（表）

⑦持出しと見返しの下端を重ね、持出しの際を縫う

持出し（表）

後ろパンツ（裏）

見返し（表）

8 表裏前ヨークと後ろ脇ベルト、後ろベルトを縫い、後ろベルトにゴムテープを通す

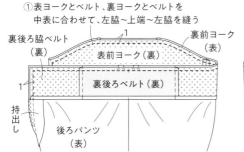

①表ヨークとベルト、裏ヨークとベルトを中表に合わせて、左脇～上端～左脇を縫う

裏後ろ脇ベルト（裏）

1

裏前ヨーク（表）

表前ヨーク（裏）

1

裏後ろベルト（裏）

持出し

後ろパンツ（表）

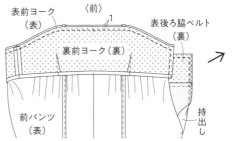

表前ヨーク（表）

〈前〉

表後ろ脇ベルト（裏）

1

裏前ヨーク（裏）

前パンツ（表）

持出し

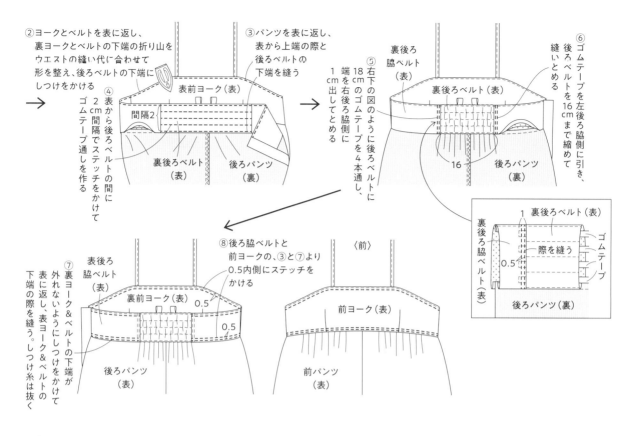

②ヨークとベルトを表に返し、裏ヨークとベルトの下端の折り山をウエストの縫い代に合わせて形を整え、後ろベルトの下端にしつけをかける

③パンツを表に返し、表から上端の際と後ろベルトの下端を縫う

④表から後ろベルトの間に2cm間隔でステッチをかけてゴムテープ通しを作る

間隔2

表前ヨーク（表）

裏後ろベルト（表）

裏後ろベルト（表）

後ろパンツ（裏）

⑤右下の図のように後ろベルトに18cm・16cmのゴムテープを右後ろ脇側に1cm出してとめる

端を右後ろ脇側にゴムテープを4本通し、

裏後ろ脇ベルト（表）

後ろパンツ（裏）

⑥ゴムテープを左後ろ脇側に引き、後ろベルトを16cmまで縮めて縫いとめる

16

⑥ゴムテープを左後ろ脇側に引き、後ろベルトを16cmまで縮めて縫いとめる

1　裏後ろベルト（表）

裏後ろ脇ベルト（表）

0.5

際を縫う

ゴムテープ

後ろパンツ（裏）

⑦裏ヨーク＆ベルトの下端が外れないようにしつけをかけて表に返し、表ヨーク＆ベルトの下端の際を縫う。しつけ糸は抜く

表後ろ脇ベルト（表）

裏前ヨーク（表）

⑧後ろ脇ベルトと前ヨークの、③と⑦より0.5内側にステッチをかける

0.5

0.5

後ろパンツ（表）

〈前〉

前ヨーク（表）

前パンツ（表）

9　裾フリルを作り、つける

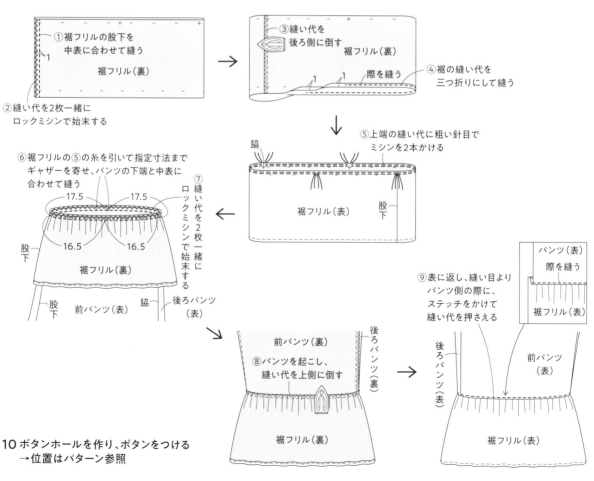

①裾フリルの股下を中表に合わせて縫う

裾フリル（裏）

1

②縫い代を2枚一緒にロックミシンで始末する

③縫い代を後ろ側に倒す

裾フリル（裏）

1　1　際を縫う

④裾の縫い代を三つ折りにして縫う

⑤上端の縫い代に粗い針目でミシンを2本かける

脇

股下

裾フリル（表）

⑥裾フリルの⑤の糸を引いて指定寸法までギャザーを寄せ、パンツの下端と中表に合わせて縫う

17.5　17.5

16.5　16.5

股下

裾フリル（裏）

股下　前パンツ（表）　脇　後ろパンツ（表）

⑦縫い代を2枚一緒にロックミシンで始末する

⑧パンツを起こし、縫い代を上側に倒す

前パンツ（裏）

後ろパンツ（裏）

裾フリル（裏）

⑨表に返し、縫い目よりパンツ側の際に、ステッチをかけて縫い代を押さえる

パンツ（表）

際を縫う

裾フリル（表）

後ろパンツ（裏）

前パンツ（表）

後ろパンツ（表）

裾フリル（表）

10　ボタンホールを作り、ボタンをつける
　　→位置はパターン参照

I オーバルブラウス

photo > p.22-23

出来上り寸法

バスト216cm
着丈62.5cm
ゆき丈56.5cm

パターン 2裏

材料

表布＝リネン106cm幅 220cm
（60/1ジャパンリネンOA21273C/#16　小原屋繊維）
接着芯＝90cm幅 25cm
くるみボタン＝直径1cmを1個

準備 ＊裁合せ図も参照

◎前見返し、後ろ見返しの裏に接着芯をはる。

作り方順序

1　左右前ヨークの中心を縫う
2　前身頃にギャザーを寄せて、前ヨークと縫う
3　ループを作って右前見返しに仮どめし、左右前見返しの中心
　　を縫う
4　前ヨークと後ろ身頃、前後見返しの肩をそれぞれ縫う
5　衿ぐりとあきを見返しで縫い返す
6　裾を始末する
7　袖を作る
8　袖をつける
9　ボタンをつける
　　→位置はパターン参照

裁合せ図

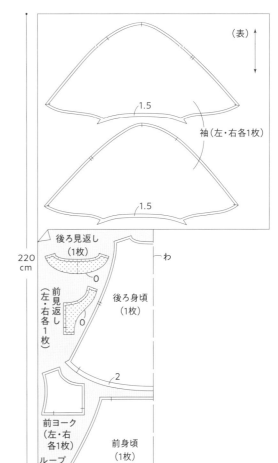

袖（左・右各1枚）

後ろ見返し（1枚）

前見返し（左・右各1枚）

後ろ身頃（1枚）

前ヨーク（左・右各1枚）

ループ（1枚）

前身頃（1枚）

220cm

106cm幅

わ

（表）

＊縫い代は指定以外1cm
＊▨は裏に接着芯をはる位置
＊ループは図に示した寸法で裁つ

〈後ろ〉

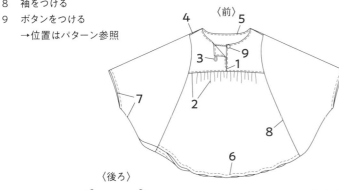

〈前〉

1 左右前ヨークの中心を縫う

左前ヨーク（表）
右前ヨーク（裏）

①左右前ヨークを中表に合わせ、前中心を、あき止り〜下端まで縫う

あき部分の縫い代も折っておく

左前ヨーク（裏）
右前ヨーク（裏）
あき止り

②縫い代を割る

2 前身頃にギャザーを寄せて、前ヨークと縫う

3 ループを作って右前見返しに仮どめし、左右前見返しの中心を縫う

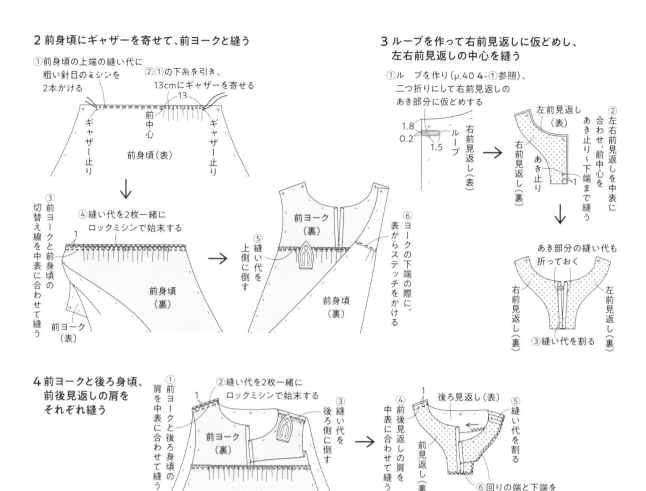

①前身頃の上端の縫い代に粗い針目のミシンを2本かける

②①の下糸を引き、13cmにギャザーを寄せる

13

ギャザー止り

前中心

前身頃(表)

ギャザー止り

③前ヨークと前身頃の切替え線を中表に合わせて縫う

④縫い代を2枚一緒にロックミシンで始末する

1

前ヨーク(表)

前身頃(裏)

前ヨーク(裏)

⑤縫い代を上側に倒す

⑥ヨークの下端の際に、表からステッチをかける

前身頃(裏)

①ループを作り(p.40 4-①参照)、二つ折りにして右前見返しのあき部分に仮どめする

左前見返し(表)

1.8

0.2

1.5

ループ

右前見返し(表)

②左右前見返しを中表に合わせ、前中心を、あき止り～下端まで縫う

右前見返し(裏)

あき止り

1

あき部分の縫い代も折っておく

右前見返し(裏)

左前見返し(裏)

③縫い代を割る

4 前ヨークと後ろ身頃、前後見返しの肩をそれぞれ縫う

①前ヨークと後ろ身頃の肩を中表に合わせて縫う

1

②縫い代を2枚一緒にロックミシンで始末する

前ヨーク(裏)

③縫い代を後ろ側に倒す

前身頃(裏)

④前後見返しの肩を中表に合わせて縫う

1

前見返し(裏)

後ろ見返し(表)

⑤縫い代を割る

⑥回りの端と下端をロックミシンで始末する

5 衿ぐりとあきを見返しで縫い返す

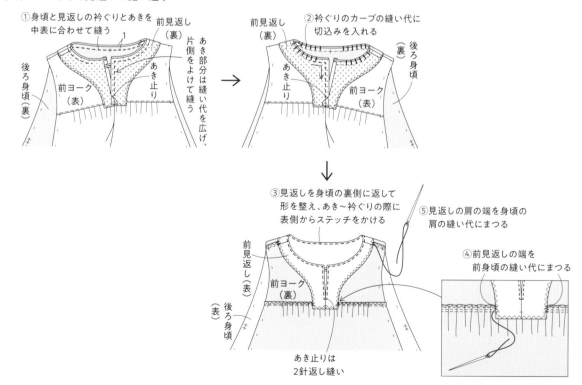

①身頃と見返しの衿ぐりとあきを中表に合わせて縫う

1

前見返し(裏)

後ろ身頃(裏)

あき部分は縫い代を広げ、片側をよけて縫う

前ヨーク(表)

あき止り

②衿ぐりのカーブの縫い代に切込みを入れる

前見返し(裏)

後ろ身頃(裏)

あき止り

前ヨーク(表)

③見返しを身頃の裏側に返して形を整え、あき～衿ぐりの際に表側からステッチをかける

前見返し(表)

前ヨーク(裏)

後ろ身頃(表)

⑤見返しの肩の端を身頃の肩の縫い代にまつる

④前見返しの端を前身頃の縫い代にまつる

あき止りは2針返し縫い

6 裾を始末する

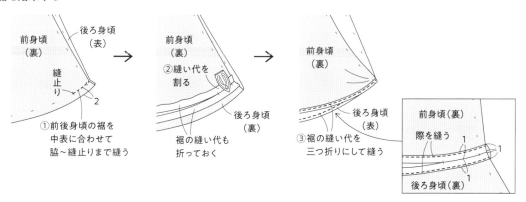

1枚目:
- 前身頃（裏）
- 後ろ身頃（表）
- 縫止り
- 2
- ①前後身頃の裾を中表に合わせて脇～縫止りまで縫う

2枚目:
- 前身頃（裏）
- ②縫い代を割る
- 後ろ身頃（裏）
- 裾の縫い代も折っておく

3枚目:
- 前身頃（裏）
- 後ろ身頃（表）
- ③裾の縫い代を三つ折りにして縫う

拡大図:
- 前身頃（裏）
- 際を縫う
- 1
- 1
- 後ろ身頃（裏）

7 袖を作る

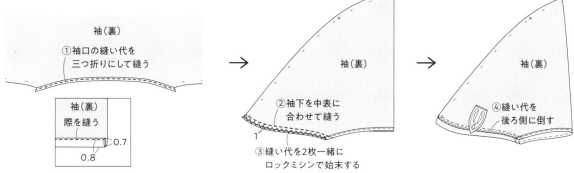

1枚目:
- 袖（裏）
- ①袖口の縫い代を三つ折りにして縫う

拡大図:
- 袖（裏）
- 際を縫う
- 0.7
- 0.8

2枚目:
- 袖（裏）
- ②袖下を中表に合わせて縫う
- 1
- ③縫い代を2枚一緒にロックミシンで始末する

3枚目:
- 袖（裏）
- ④縫い代を後ろ側に倒す

8 袖をつける

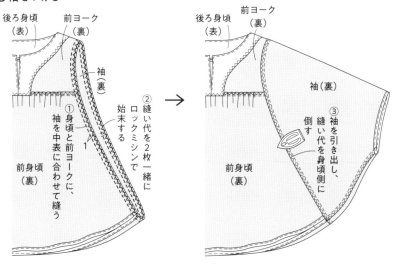

1枚目:
- 後ろ身頃（表）
- 前ヨーク（裏）
- 袖（裏）
- 前身頃（裏）
- ①身頃と前ヨークに、袖を中表に合わせて縫う
- ②縫い代を2枚一緒にロックミシンで始末する
- 1

2枚目:
- 後ろ身頃（表）
- 前ヨーク（裏）
- 袖（裏）
- 前身頃（裏）
- ③袖を引き出し、縫い代を身頃側に倒す

9 ボタンをつける
→位置はパターン参照

J コート

photo > p.18, p.20-21

出来上り寸法

バスト90.5cm+ギャザー分39cm
着丈107cm
袖丈53.5cm

パターン　1裏

材料

表布＝リネンローン 112cm幅 280cm
（Butterfly　DARUMA FABRIC）
くるみボタン＝直径1cmを3個

作り方順序

1　脇を縫う
2　前端、裾を始末する
3　前後身頃のヨーク切替え線にギャザーを寄せる
4　ヨークと身頃を縫う
5　袖を作り、つける
6　ボタンホールを作り、ボタンをつける
　　→位置はパターン参照

280cm

112cm幅

＊縫い代は指定以外1cm

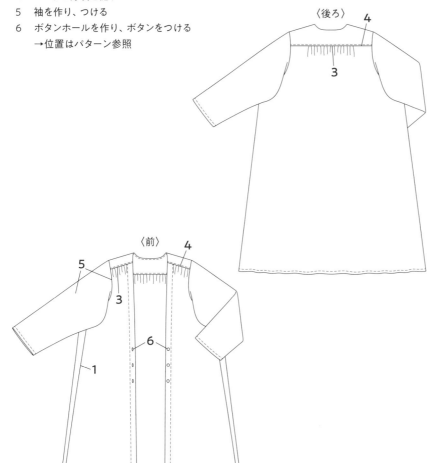

〈後ろ〉

〈前〉

1 脇を縫う

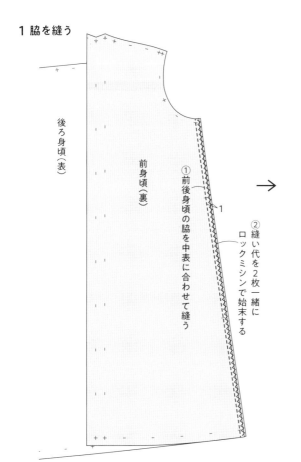
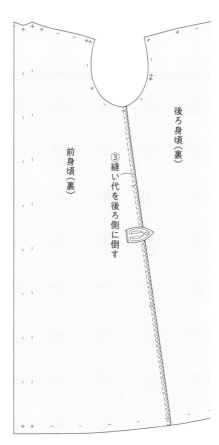

後ろ身頃（表）

前身頃（裏）

① 前後身頃の脇を中表に合わせて縫う

② 縫い代を2枚一緒にロックミシンで始末する

後ろ身頃（裏）

前身頃（裏）

③ 縫い代を後ろ側に倒す

2 前端、裾を始末する

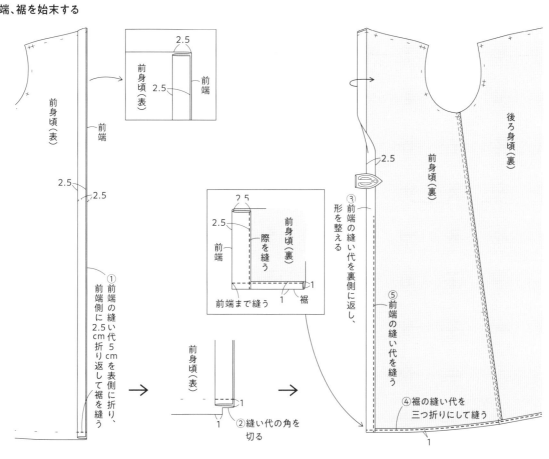

前身頃（表）

前端

2.5

2.5

① 前端の縫い代5cmを表側に折り、前端側に2.5cm折り返して裾を縫う

2.5

2.5

前身頃（表）

前端

前身頃（表）

1

② 縫い代の角を切る

2.5

2.5

前端

前身頃（裏）

際を縫う

前端まで縫う

1

裾

2.5

前身頃（裏）

形を整える

③ 前端の縫い代を裏側に返し、

後ろ身頃（裏）

前身頃（裏）

⑤ 前端の縫い代を縫う

④ 裾の縫い代を三つ折りにして縫う

1

3 前後身頃のヨーク切替え線にギャザーを寄せる

①ギャザー止り～ギャザー止りの縫い代に
粗い針目のミシンを2本かける

②①の下糸を引いてギャザーを寄せ、
指定寸法に縮める

ギャザー止り

後ろ中心

ギャザー止り

ギャザー止り

ギャザー止り

7

10

前身頃(表)

後ろ身頃(表)

4 ヨークと身頃を縫う

①表裏ヨークを中表に合わせ、
衿ぐりを縫う

②衿ぐりの縫い代に
切込みを入れる

1

表ヨーク(裏)

裏ヨーク(表)

③縫い代を
裏ヨーク側に倒す

表ヨーク(裏)

④裏ヨークの衿ぐりの際を
表ヨークの縫い代と縫い、
縫い代を押さえる

裏ヨーク(表)

⑥表裏ヨークを中表に合わせ、
前身頃を表ヨークと中表に
なるようにはさんで縫う

⑤裏ヨークの後ろ側の縫い代を折る

裏ヨーク(表)

1

表ヨーク(裏)

1

裏ヨーク(表)

1

後ろ身頃はよける

後ろ身頃(裏)

前身頃(表)

⑦表ヨークと裏ヨークを
起こして外表に合わせ、
表ヨーク側から
前側の際を縫う

表ヨーク(表)

裏ヨーク(裏)

後ろ身頃はよける

後ろ身頃(裏)

前身頃(表)

⑧表ヨークの後ろ側と後ろ身頃を
中表に合わせて縫う

1

表ヨーク(表)

裏ヨークはよける

後ろ身頃(裏)

⑨ヨークを起こし、裏ヨークの
後ろ側の折り山を⑧の縫い目に
合わせてしつけをかける

裏ヨーク(表)

前身頃(裏)

表ヨーク(裏)

後ろ身頃(裏)

前身頃(表)

表ヨーク(表)

裏ヨーク(裏)

⑩表に返して表ヨークの
下端の際を縫い、
しつけ糸を抜く

後ろ身頃(表)

5 袖を作り、つける

①袖下を中表に
合わせて縫う

1

②縫い代を2枚一緒に
ロックミシンで始末する

袖(裏)

③縫い代を後ろ側に倒す

袖(裏)

袖(裏)

際を縫う

1

1

袖(裏)

縫う

④袖口を三つ折りにして

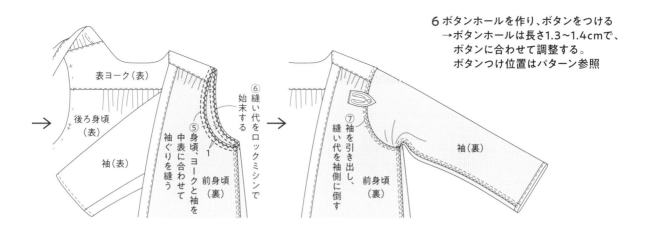

6 ボタンホールを作り、ボタンをつける
→ボタンホールは長さ1.3～1.4cmで、
ボタンに合わせて調整する。
ボタンつけ位置はパターン参照

図中ラベル:
表ヨーク（表）
後ろ身頃（表）
袖（表）
⑥縫い代をロックミシンで始末する
⑤身頃、ヨークと袖を中表に合わせて袖ぐりを縫う
前身頃（裏）
⑦袖を引き出し、縫い代を袖側に倒す
前身頃（裏）
袖（裏）

K リボンラップ風スカート

photo > p.12-13

L レースラップ風スカート

photo > p.8-9

作り方順序

1 飾りテープをオーバースカートにつける
2 スカートの右脇にポケットを作り、脇を縫う
3 スカートの左脇にあきを作り、脇を縫う
4 ウエストベルトを作り、ベルト通しをつける
5 ウエストベルトとスカートを縫い、後ろ側にゴムテープをつける
6 裾を始末する
7 ボタンホールを作り、ボタンをつける →位置はパターン参照
8 ひもを作る

出来上り寸法

ウエスト（ゴム上り）70cm
ヒップ113cm
スカート丈80cm

パターン 1表、2表

材料

*Lのオーバースカート、前飾りテープ、裾飾りテープは1表。それ以外は2表。

K 表布＝コットン タイプライター 108cm幅 290cm
　（9106　ソールパーノ）
　飾りテープ＝綿サテンテープ 3.6cm幅
　148cm（前･80cm、裾･68cm）
　ボタン＝直径1.5cmを2個、直径1.8cmを1個
L 表布＝リネン 110cm幅 290cm
　（40/ジャパンリネンOSDC40022C/#オフ　小原屋繊維）
　飾りテープ＝レース 9cm幅
　147cm＋予備（前:80cm＋予備、裾:65.5cm＋予備）
　くるみボタン＝直径1.4cmを2個、直径1.8cmを1個
　接着芯＝90cm幅 30cm
　伸止めテープ＝1cm幅 16cm
　ゴムテープ＝3.5cm幅 36cm

準備 ＊裁合せ図も参照

◎前ウエストベルト、後ろウエストベルト、持出し、見返しの裏に接着芯、前スカートのポケット口の裏に伸止めテープをはる。
◎オーバースカートの前端と裾の縫い代端、見返しの端をロックミシンで始末する。

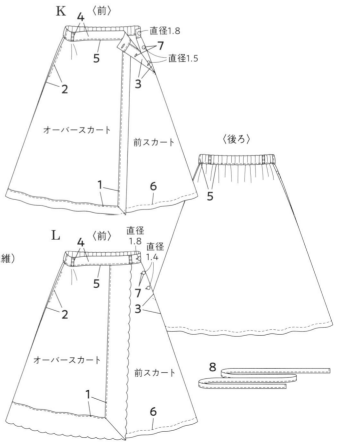

図中ラベル:
K 〈前〉 4 直径1.8 7 直径1.5 5 3 2
オーバースカート 前スカート 1 6
〈後ろ〉 5
L 〈前〉 4 直径1.8 直径1.4 7 5 3 2
オーバースカート 前スカート 1 6
8

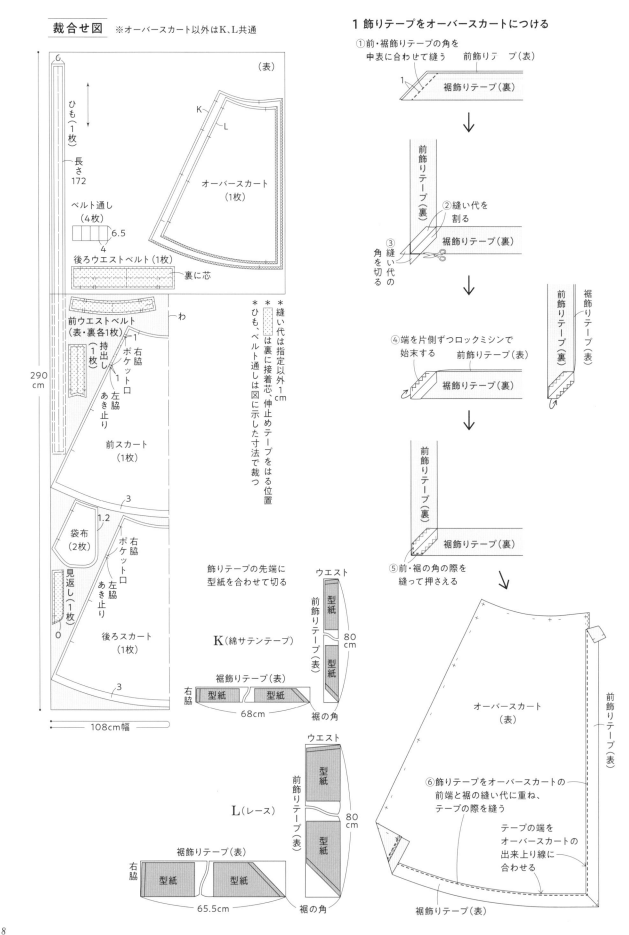

裁合せ図 ※オーバースカート以外はK、L共通

1 飾りテープをオーバースカートにつける

(表)

ひも（1枚）
長さ172

ベルト通し（4枚）
6.5
4

後ろウエストベルト（1枚）
裏に芯

290cm

前ウエストベルト（表・裏各1枚）
わ

持出し（1枚）
右脇ポケット口
1
左脇あき止り

前スカート（1枚）

3
1.2

袋布（2枚）

右脇ポケット口
左脇あき止り

見返し（1枚）
0

後ろスカート（1枚）

3

108cm幅

＊縫い代は指定以外1cm
＊　　　は裏に接着芯、伸止めテープをはる位置
＊ひも、ベルト通しは図に示した寸法で裁つ

オーバースカート（1枚）
K
L

飾りテープの先端に型紙を合わせて切る

K（綿サテンテープ）

ウエスト
前飾りテープ（表）
型紙
型紙
80cm

裾飾りテープ（表）
右脇
型紙
型紙
68cm
裾の角

L（レース）

ウエスト
前飾りテープ（表）
型紙
型紙
80cm

裾飾りテープ（表）
右脇
型紙
型紙
65.5cm
裾の角

①前・裾飾りテープの角を中表に合わせて縫う
前飾りテープ（表）
裾飾りテープ（裏）
1

前飾りテープ（裏）
②縫い代を割る
③縫い代の角を切る
裾飾りテープ（裏）

④端を片側ずつロックミシンで始末する
前飾りテープ（表）
裾飾りテープ（裏）

前飾りテープ（裏）
裾飾りテープ（表）

前飾りテープ（裏）
裾飾りテープ（裏）

⑤前・裾の角の際を縫って押さえる

オーバースカート（表）
前飾りテープ（表）

⑥飾りテープをオーバースカートの前端と裾の縫い代に重ね、テープの際を縫う

テープの端をオーバースカートの出来上り線に合わせる

裾飾りテープ（表）

2 スカートの右脇にポケットを作り、脇を縫う

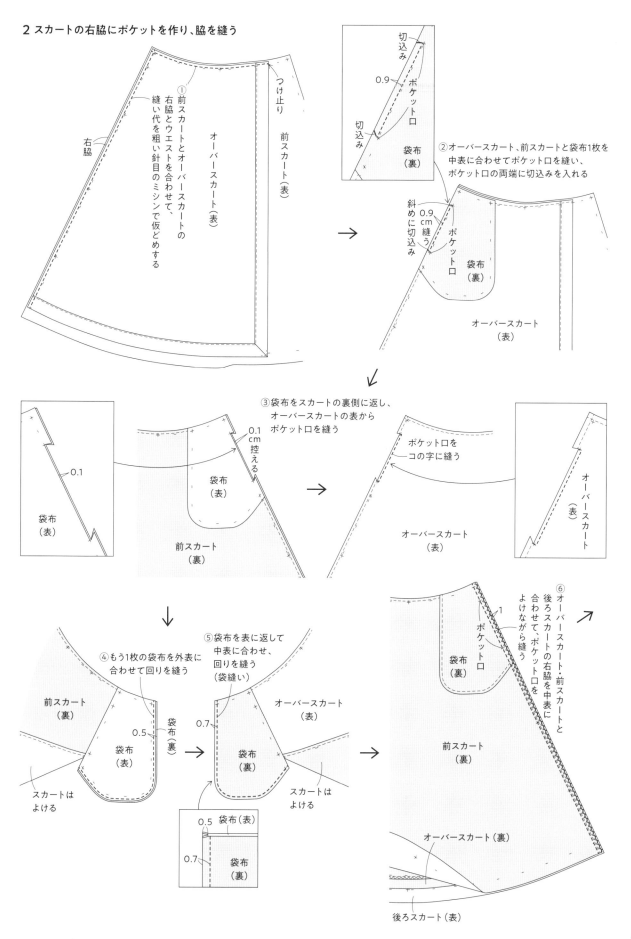

①前スカートとオーバースカートの右脇とウエストを合わせて、縫い代を粗い針目のミシンで仮どめする

つけ止り

前スカート（表）

オーバースカート（表）

右脇

切込み

0.9

ポケット口

切込み

袋布（裏）

②オーバースカート、前スカートと袋布1枚を中表に合わせてポケット口を縫い、ポケット口の両端に切込みを入れる

斜めに切込み

0.9 cm 縫う

ポケット口

袋布（裏）

オーバースカート（表）

③袋布をスカートの裏側に返し、オーバースカートの表からポケット口を縫う

0.1

袋布（表）

0.1 cm 控える

袋布（表）

前スカート（裏）

ポケット口をコの字に縫う

オーバースカート（表）

オーバースカート（表）

④もう1枚の袋布を外表に合わせて回りを縫う

前スカート（裏）

0.5

袋布（表）

袋布（裏）

スカートはよける

⑤袋布を表に返して中表に合わせ、回りを縫う（袋縫い）

0.7

オーバースカート（表）

袋布（裏）

スカートはよける

0.5 袋布（表）

0.7 袋布（裏）

⑥オーバースカート・前スカートと後ろスカートの右脇を中表に合わせて、ポケット口をよけながら縫う

1

ポケット口

袋布（裏）

前スカート（裏）

オーバースカート（裏）

後ろスカート（表）

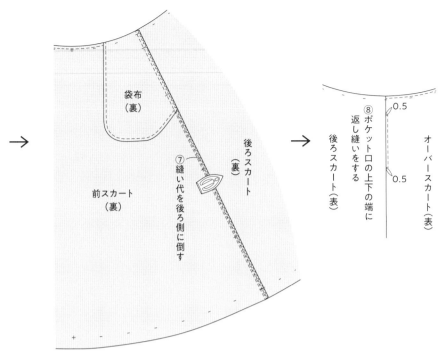

袋布（裏）

前スカート（裏）

後ろスカート（裏）

⑦縫い代を後ろ側に倒す

後ろスカート（裏）

オーバースカート（表）

⑧ポケット口の上下の端に返し縫いをする

0.5

0.5

3 スカートの左脇にあきを作り、脇を縫う

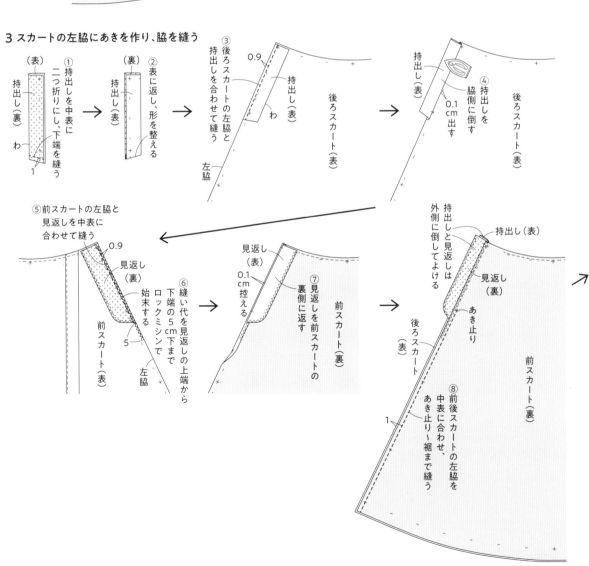

（表）

持出し（裏）

わ

1

①持出しを中表に二つ折りにし、下端を縫う

（裏）

持出し（表）

②表に返し、形を整える

③後ろスカートの左脇と持出しを合わせて縫う

0.9

持出し（表）

わ

後ろスカート（表）

左脇

持出し（表）

④持出しを脇側に倒す

0.1cm出す

後ろスカート（表）

⑤前スカートの左脇と見返しを中表に合わせて縫う

0.9

見返し（裏）

⑥縫い代を見返しの上端から下端の5cm下までロックミシンで始末する

5

前スカート（表）

左脇

見返し（表）

0.1cm控える

⑦見返しを前スカートの裏側に返す

前スカート（裏）

持出しと見返しは外側に倒してよせる

持出し（表）

見返し（裏）

あき止り

後ろスカート（表）

前スカート（裏）

⑧前後スカートの左脇を中表に合わせ、あき止り〜裾まで縫う

1

80

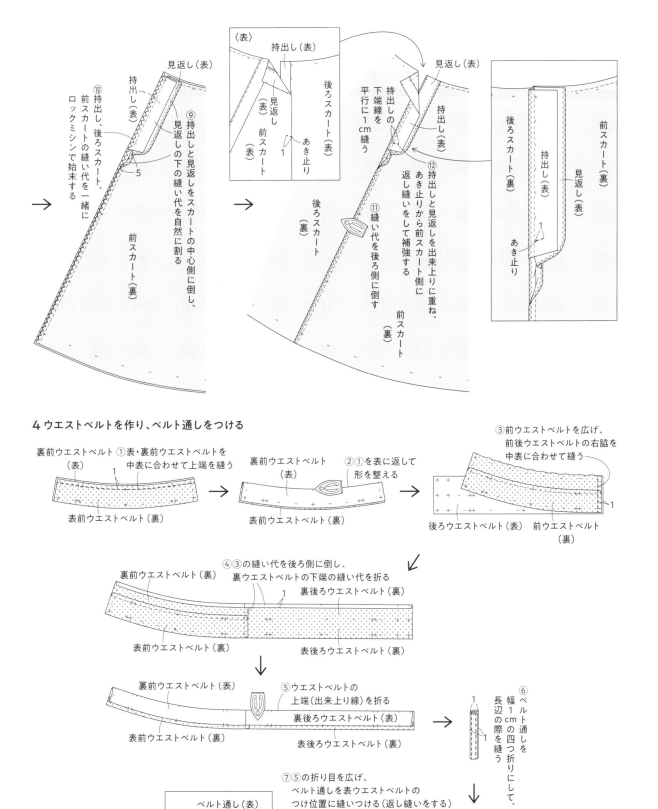

⑩持出し、後ろスカート、前スカートの縫い代を一緒にロックミシンで始末する

⑨持出しと見返しをスカートの中心側に倒し、見返しの下の縫い代を自然に割る

持出し（表）
見返し（表）

5

前スカート（裏）

〈表〉
持出し（表）

見返し（表）
前スカート（表）

1
あき止り

後ろスカート（表）

持出しの下端線を平行に1cm縫う

⑫持出しと見返しを出来上りに重ね、あき止りから前スカート側に返し縫いをして補強する

⑪縫い代を後ろ側に倒す

後ろスカート（裏）

前スカート（裏）

見返し（表）
持出し（表）

後ろスカート（裏）

持出し（表）
見返し（表）

前スカート（裏）

1
あき止り

4 ウエストベルトを作り、ベルト通しをつける

裏前ウエストベルト（表）　①表・裏前ウエストベルトを中表に合わせて上端を縫う

1

表前ウエストベルト（裏）

裏前ウエストベルト（表）　②①を表に返して形を整える

表前ウエストベルト（裏）

③前ウエストベルトを広げ、前後ウエストベルトの右脇を中表に合わせて縫う

1

後ろウエストベルト（表）　前ウエストベルト（裏）

④③の縫い代を後ろ側に倒し、裏ウエストベルトの下端の縫い代を折る

裏前ウエストベルト（裏）

1

裏後ろウエストベルト（裏）

表前ウエストベルト（裏）　表後ろウエストベルト（裏）

裏前ウエストベルト（表）

⑤ウエストベルトの上端（出来上り線）を折る

裏後ろウエストベルト（表）

表前ウエストベルト（裏）　表後ろウエストベルト（裏）

⑥ベルト通しを幅1cmの四つ折りにして、長辺の際を縫う

1

1

⑦⑤の折り目を広げ、ベルト通しを表ウエストベルトのつけ位置に縫いつける（返し縫いをする）

ベルト通し（表）

ベルト幅の中央

0.1　返し縫い

1

表後ろウエストベルト（表）

(1)後ろは⑤の折り目、前は裏ベルトとのはぎ目より0.1cm下を縫う

ベルト通し（表）

わ

1

わ　1　わ　1

表後ろウエストベルト（表）

表前ウエストベルト（表）

(2)ベルト通しを縫い目から下側に折り、縫い代に仮どめする

5 ウエストベルトとスカートを縫い、後ろ側にゴムテープをつける

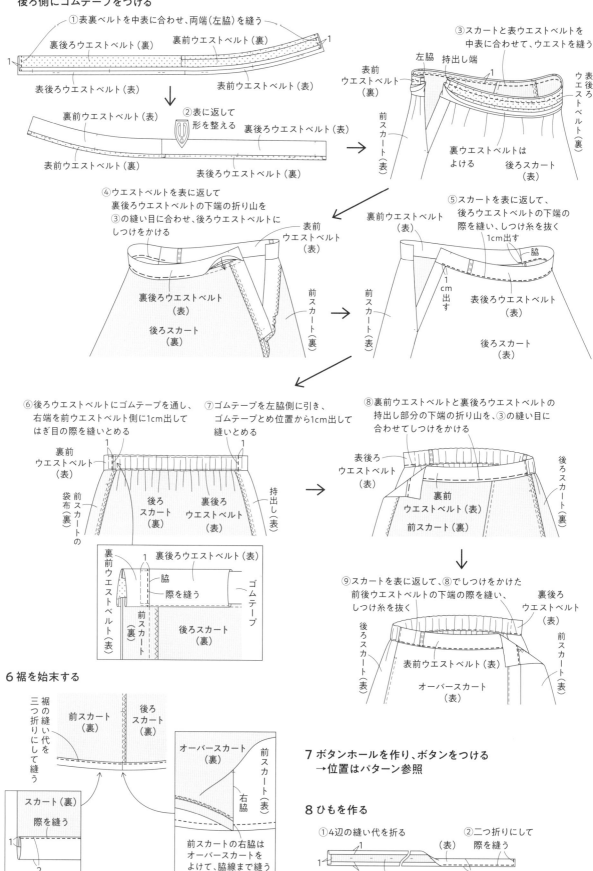

① 表裏ベルトを中表に合わせ、両端（左脇）を縫う

裏後ろウエストベルト（裏）　裏前ウエストベルト（裏）

表後ろウエストベルト（表）　表前ウエストベルト（表）

② 表に返して形を整える

裏前ウエストベルト（表）　裏後ろウエストベルト（表）

表前ウエストベルト（裏）　表後ろウエストベルト（裏）

③ スカートと表ウエストベルトを中表に合わせて、ウエストを縫う

左脇　持出し端

表前ウエストベルト（裏）　表後ろウエストベルト（裏）

前スカート（表）

裏ウエストベルトはよける　後ろスカート（表）

④ ウエストベルトを表に返して裏後ろウエストベルトの下端の折り山を③の縫い目に合わせ、後ろウエストベルトにしつけをかける

表前ウエストベルト（表）

裏後ろウエストベルト（表）

後ろスカート（裏）

前スカート（裏）

⑤ スカートを表に返して、後ろウエストベルトの下端の際を縫い、しつけ糸を抜く　1cm出す

裏前ウエストベルト（表）

脇

前スカート（表）　1cm出す

表後ろウエストベルト（表）

後ろスカート（表）

⑥ 後ろウエストベルトにゴムテープを通し、右端を前ウエストベルト側に1cm出してはぎ目の際を縫いとめる

裏前ウエストベルト（表）

前スカートの袋布（裏）

後ろスカート（裏）　裏後ろウエストベルト（表）

持出し（表）

⑦ ゴムテープを左脇側に引き、ゴムテープとめ位置から1cm出して縫いとめる

裏前ウエストベルト（表）　裏後ろウエストベルト（表）

脇　際を縫う

前スカート（表）　後ろスカート（裏）

ゴムテープ

⑧ 裏前ウエストベルトと裏後ろウエストベルトの持出し部分の下端の折り山を、③の縫い目に合わせてしつけをかける

表後ろウエストベルト（表）

裏前ウエストベルト（表）

後ろスカート（裏）

前スカート（裏）

⑨ スカートを表に返して、⑧でしつけをかけた前後ウエストベルトの下端の際を縫い、しつけ糸を抜く

裏後ろウエストベルト（表）

後ろスカート（表）　前スカート（表）

表前ウエストベルト（表）

オーバースカート（表）

6 裾を始末する

裾の縫い代を三つ折りにして縫う

前スカート（裏）　後ろスカート（裏）

スカート（裏）

際を縫う

オーバースカート（裏）　前スカート（表）

右脇

前スカートの右脇はオーバースカートをよけて、脇線まで縫う

7 ボタンホールを作り、ボタンをつける
→位置はパターン参照

8 ひもを作る

①4辺の縫い代を折る　②二つ折りにして際を縫う

（表）

ひも（裏）

M ワイドパンツ

photo > *p.4-5, p.14-15*

N₁ コクーンパンツ（花柄）

photo > *p.22-23*

N₂ コクーンパンツ（無地）

photo > *p.7, p.24-25*

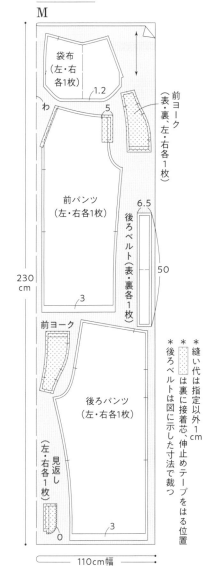

裁合せ図

出来上り寸法

M　ウエスト（ゴム上り）70cm
　　ヒップ123cm
　　パンツ丈92.5cm
N1、N2　ウエスト（ゴム上り）70cm
　　　　ヒップ121cm
　　　　パンツ丈93cm

パターン　M 2裏

　　　　　　N 2表、2裏
　　　　　　＊Nの前パンツ、後ろパンツ、袋布は2表。
　　　　　　　それ以外は2裏

材料

M　表布＝コットン 110cm幅 230cm
N1　表布＝コットン 110cm幅 230cm（クレア・オード　リバティジャパン）
N2　表布＝リネンキャンバス 112cm幅 230cm
　　（Soil［参考商品］　DARUMA FABRIC）
接着芯＝90cm幅 30cm
伸止めテープ＝1.5cm幅 50cm
ゴムテープ＝0.8cm幅 26cmを3本
ボタン＝直径1.5cmを4個

準備　＊裁合せ図も参照

◎前パンツのあき部分、見返し、前ヨークの裏に接着芯、前パ
　ンツのポケット口の裏に伸止めテープをはる。
◎見返し端をロックミシンで始末する。

作り方順序

1　ポケットを作る
2　脇を縫う
3　股下を縫う
4　股上を縫い、あきを作る
5　前ヨークと後ろベルトを縫う
6　ウエストに前ヨークと後ろベルトをつけて、後ろベルトに
　　ゴムテープを通す
7　裾を始末する
8　ボタンホールを作り、ボタンをつける →位置はパターン参照

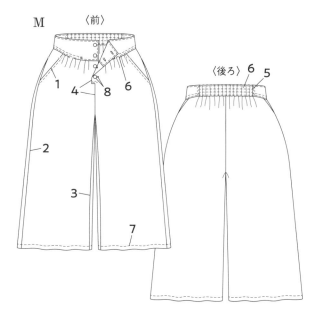

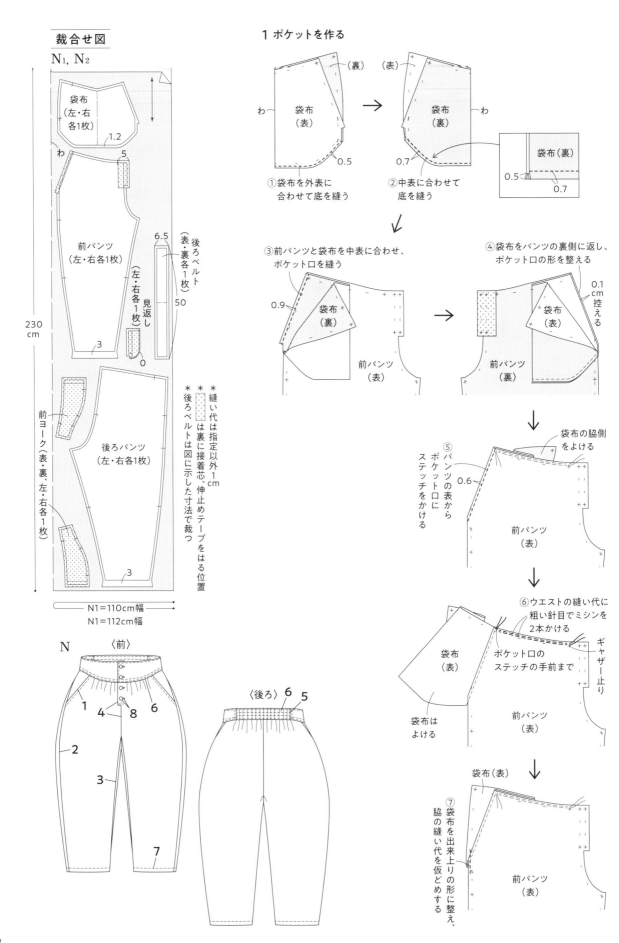

2 脇を縫う

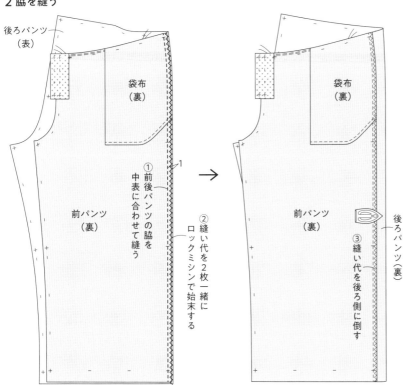

後ろパンツ（表）

袋布（裏）

前パンツ（裏）

① 前後パンツの脇を中表に合わせて縫う

② 縫い代を2枚一緒にロックミシンで始末する

1

袋布（裏）

前パンツ（裏）

後ろパンツ（裏）

③ 縫い代を後ろ側に倒す

3 股下を縫う

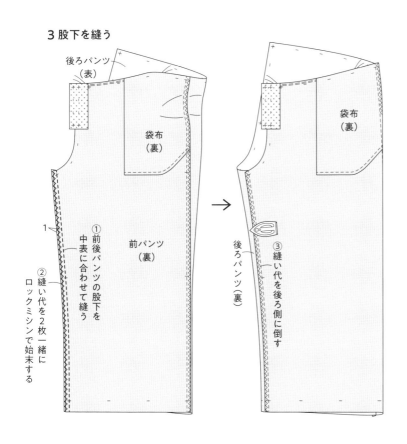

後ろパンツ（表）

袋布（裏）

前パンツ（裏）

1

① 前後パンツの股下を中表に合わせて縫う

② 縫い代を2枚一緒にロックミシンで始末する

袋布（裏）

後ろパンツ（裏）

前パンツ（裏）

③ 縫い代を後ろ側に倒す

4 股上を縫い、あきを作る

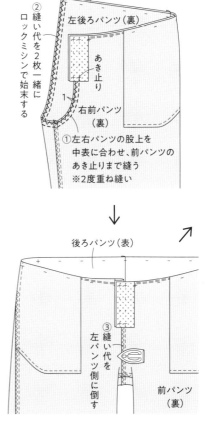

右後ろパンツ（表）

② 縫い代を2枚一緒にロックミシンで始末する

左後ろパンツ（裏）

あき止り

1

右前パンツ（裏）

① 左右パンツの股上を中表に合わせ、前パンツのあき止りまで縫う
※2度重ね縫い

後ろパンツ（表）

③ 縫い代を左パンツ側に倒す

前パンツ（裏）

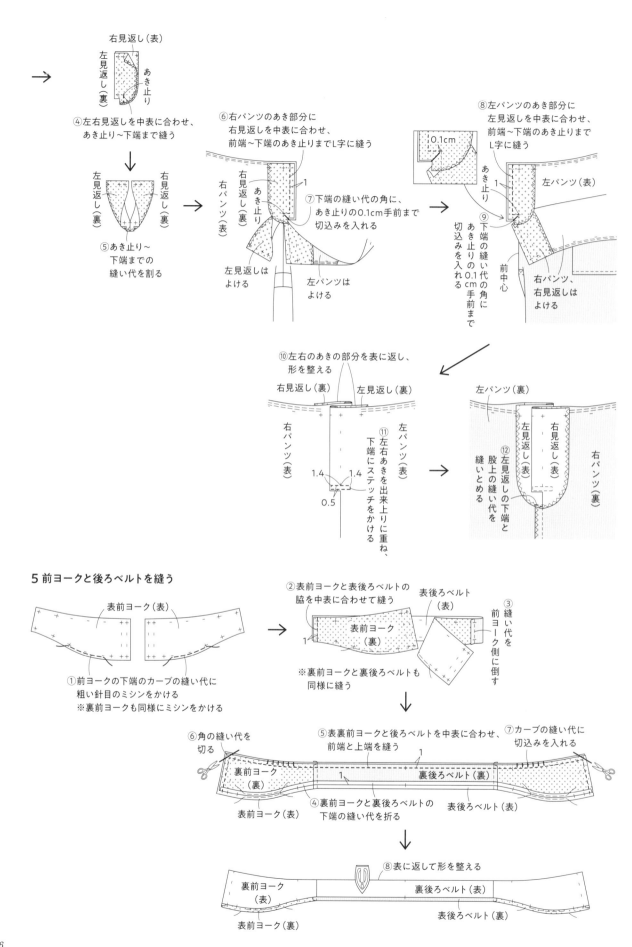

④左右見返しを中表に合わせ、
あき止り～下端まで縫う

⑤あき止り～
下端までの
縫い代を割る

⑥右パンツのあき部分に
右見返しを中表に合わせ、
前端～下端のあき止りまでL字に縫う

⑦下端の縫い代の角に、
あき止りの0.1cm手前まで
切込みを入れる

⑧左パンツのあき部分に
左見返しを中表に合わせ、
前端～下端のあき止りまで
L字に縫う

⑨下端の縫い代の角に
あき止りの0.1
cm手前まで
切込みを入れる

⑩左右のあきの部分を表に返し、
形を整える

⑪左右あきを出来上りに重ね、
下端にステッチをかける

⑫左見返しの下端と
股上の縫い代を
縫いとめる

5 前ヨークと後ろベルトを縫う

①前ヨークの下端のカーブの縫い代に
粗い針目のミシンをかける
※裏前ヨークも同様にミシンをかける

②表前ヨークと表後ろベルトの
脇を中表に合わせて縫う

③縫い代を
前ヨーク側に
倒す

※裏前ヨークと裏後ろベルトも
同様に縫う

⑤表裏前ヨークと後ろベルトを中表に合わせ、
前端と上端を縫う

⑥角の縫い代を
切る

⑦カーブの縫い代に
切込みを入れる

④裏前ヨークと裏後ろベルトの
下端の縫い代を折る

⑧表に返して形を整える

6 ウエストに前ヨークと後ろベルトをつけて、後ろベルトにゴムテープを通す

① 前パンツの1⑤の下糸を引いてギャザーを寄せ、袋布と見返しを出来上りに重ねて縫い代に仮どめする

前パンツ（表）
ギャザー止り
前パンツ（表）

② パンツの表と表前ヨーク、表後ろベルトを中表に合わせて縫う

1
表前ヨーク（裏）
後ろパンツ（裏）
表後ろベルト（表）
裏前ヨークと裏後ろベルトはよける
前パンツ（表）

③ 前ヨークと後ろベルトを表に返し、前ヨークの5①の下糸を軽く引いてカーブを整える

表後ろベルト（表）
裏前ヨーク（表）
裏前ヨーク
後ろパンツ（裏）
前パンツ（裏）

④ 裏前ヨークと裏後ろベルトの下端をウエストの縫い代にかぶせて形を整える

⑥⑤の間にステッチをかけて、ゴムテープ通しを作る 1.4
裏後ろベルト（表）
裏前ヨーク（表）
1.4
⑤ 後ろベルトの上下の端の際を縫う
後ろパンツ（裏）

裏前ヨーク（表）
1
裏後ろベルト（表）
ゴムテープ
後ろパンツ（裏）

⑦ 後ろベルトにゴムテープを3本通し、端を右前ヨーク側に1cm出して縫いとめる

裏前ヨーク（表）
裏後ろベルト（表）
裏右前ヨーク
24
ゴムテープは1cm残して切る
後ろパンツ（裏）

⑧ ゴムテープを左前ヨーク側に引き、後ろベルトを24cmまで縮めて縫いとめる

⑨ 前ヨークの下端にしつけをかける
表前ヨーク（表）
裏前ヨーク（表）
後ろパンツ（裏）
前パンツ（裏）

⑩ 表に返して前端と上端の際、下端は際から0.6cmを縫う。しつけ糸は抜く
裏前ヨーク（表）
表前ヨーク（表）
0.6
後ろパンツ（表）
前パンツ（表）

7 裾を始末する

前パンツ（裏）
後ろパンツ（裏）
裾の縫い代を三つ折りにして縫う

パンツ（裏）
際を縫う
1
2

8 ボタンホールを作り、ボタンをつける
→位置はパターン参照

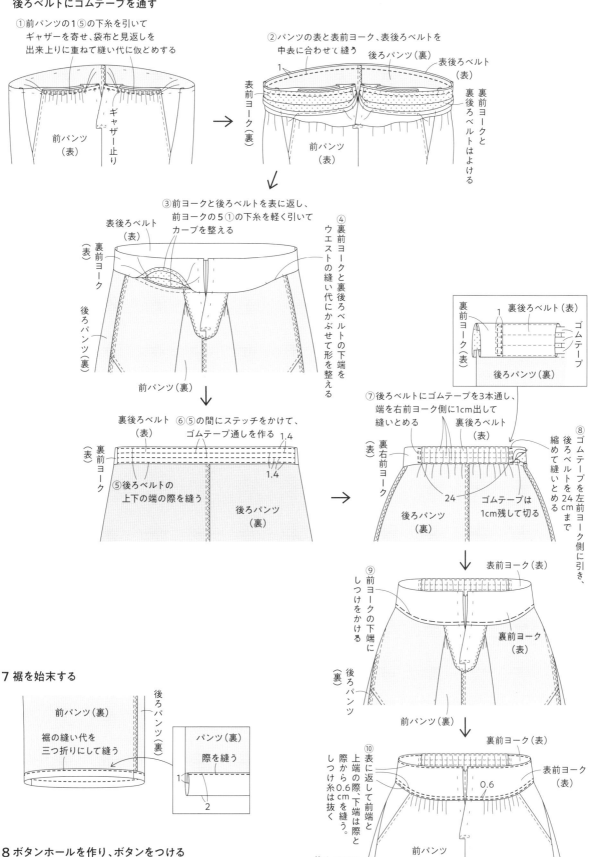

O Vネックワンピース

photo > p.26-27

出来上り寸法

バスト130cm
着丈112cm

パターン　2表

材料

表布=40/リネン 110cm幅 320cm
（40/ジャパンリネンOSDC40023C/#114　小原屋繊維）
レース=8cm幅 310cm
（前レース=112.3cm+予備を2枚、
　後ろレース=39cm+予備を2枚）
接着芯=90cm幅 40cm
伸止めテープ=1.5cm幅 40cm

準備　＊裁合せ図も参照

◎前見返し、後ろ見返しの裏に接着芯、前ポケット口の縫い代裏
　に伸止めテープをはる。
◎レースの上端の縫い代端を、ロックミシンで始末する。

作り方順序

1　ポケットを作り、脇を縫う
2　裾を始末する
3　タックを縫う
4　レースの上下の端を縫い、脇側のタックにつける
5　肩を縫う
6　見返しを作り、衿ぐりを見返しで縫い返す
7　袖ぐりを始末する

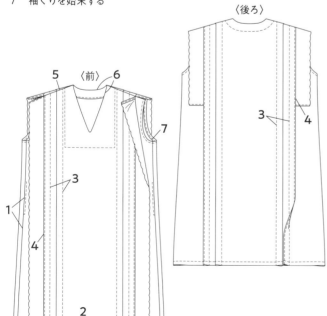

裁合せ図

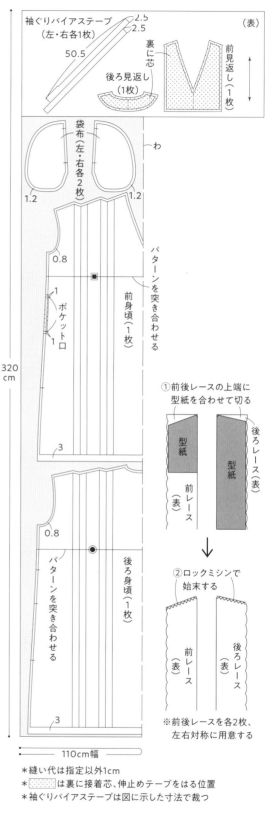

①前後レースの上端に
　型紙を合わせて切る

↓

②ロックミシンで
　始末する

※前後レースを各2枚、
　左右対称に用意する

＊縫い代は指定以外1cm
＊　　　は裏に接着芯、伸止めテープをはる位置
＊袖ぐりバイアステープは図に示した寸法で裁つ

1 ポケットを作り、脇を縫う

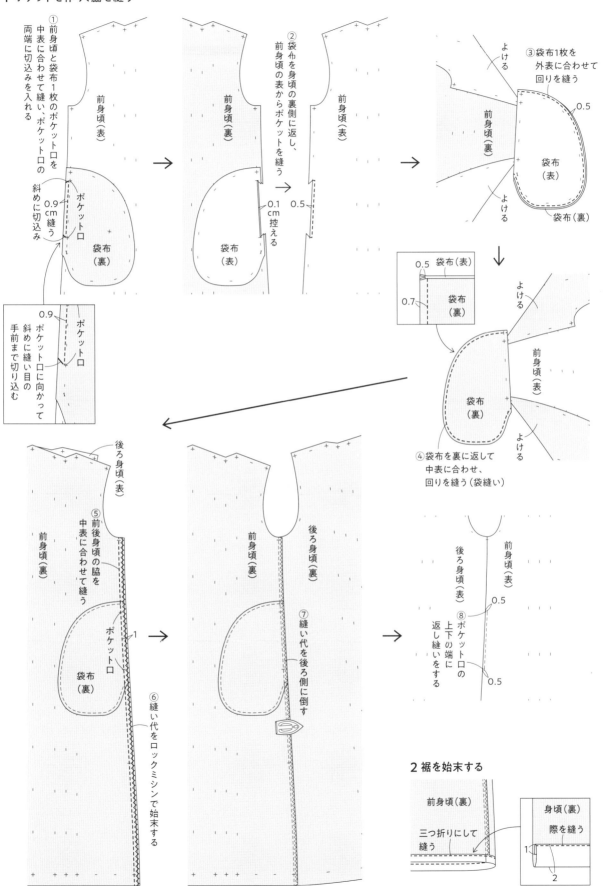

① 前身頃と袋布1枚のポケット口を中表に合わせて縫い、ポケット口の両端に切込みを入れる

前身頃(表)

0.9 cm 縫う

ポケット口

斜めに切込み

袋布(裏)

0.9
ポケット口に向かって斜めに縫い目の手前まで切り込む

ポケット口

② 袋布を身頃の裏側に返し、前身頃の表からポケットを縫う

前身頃(裏)

前身頃(表)

0.1 cm 控える

0.5

袋布(表)

③ 袋布1枚を外表に合わせて回りを縫う

よける

前身頃(裏)

0.5

袋布(表)

よける

袋布(裏)

0.5 　袋布(表)

0.7 　袋布(裏)

よける

前身頃(表)

袋布(裏)

よける

④ 袋布を裏に返して中表に合わせ、回りを縫う(袋縫い)

⑤ 前後身頃の脇を中表に合わせて縫う

後ろ身頃(表)

前身頃(裏)

ポケット口

1

袋布(裏)

⑥ 縫い代をロックミシンで始末する

前身頃(裏)

後ろ身頃(裏)

⑦ 縫い代を後ろ側に倒す

後ろ身頃(表)

前身頃(表)

0.5

⑧ ポケット口の上下の端に返し縫いをする

0.5

2 裾を始末する

前身頃(裏)

三つ折りにして縫う

身頃(裏)

際を縫う

1

2

89

3 タックを縫う

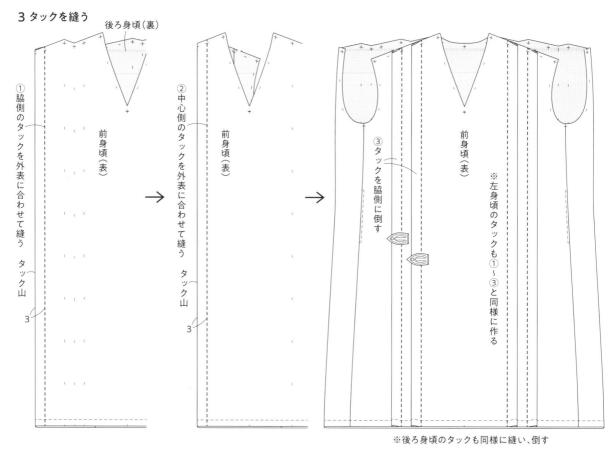

① 脇側のタックを外表に合わせて縫う　タック山　3

前身頃（表）

後ろ身頃（裏）

② 中心側のタックを外表に合わせて縫う　タック山　3

前身頃（表）

③ タックを脇側に倒す

※左身頃のタックも①〜③と同様に作る

前身頃（表）

※後ろ身頃のタックも同様に縫い、倒す

4 レースの上下の端を縫い、脇側のタックにつける

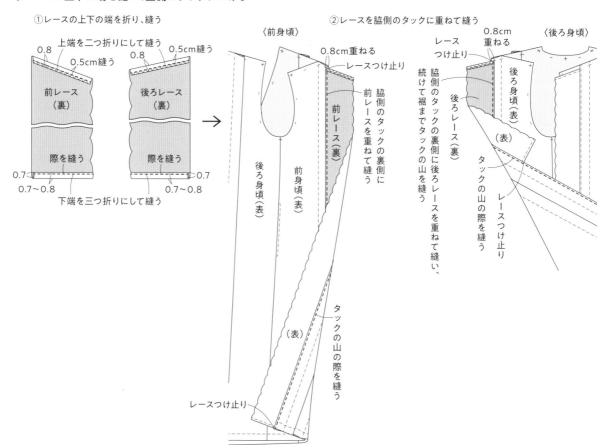

①レースの上下の端を折り、縫う

上端を二つ折りにして縫う
0.8　0.5cm縫う
前レース（裏）
際を縫う
0.7
0.7〜0.8
下端を三つ折りにして縫う

0.8　0.5cm縫う
後レース（裏）
際を縫う
0.7
0.7〜0.8

②レースを脇側のタックに重ねて縫う

〈前身頃〉
0.8cm重ねる
レースつけ止り
脇側のタックの裏側に前レースを重ねて縫う
前レース（裏）
後ろ身頃（表）
前身頃（表）
タックの山の際を縫う
（表）
レースつけ止り

〈後ろ身頃〉
0.8cm重ねる
レースつけ止り
脇側のタックの裏側に後ろレースを重ねて縫い、続けて裾までタックの山を縫う
後ろレース（裏）
後ろ身頃（表）
タックの山の際を縫う
レースつけ止り

5 肩を縫う

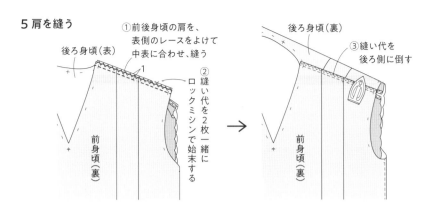

① 前後身頃の肩を、表側のレースをよけて中表に合わせ、縫う

② 縫い代を2枚一緒にロックミシンで始末する

後ろ身頃(表)

前身頃(裏)

後ろ身頃(裏)

③ 縫い代を後ろ側に倒す

前身頃(裏)

6 見返しを作り、衿ぐりを見返しで縫い返す

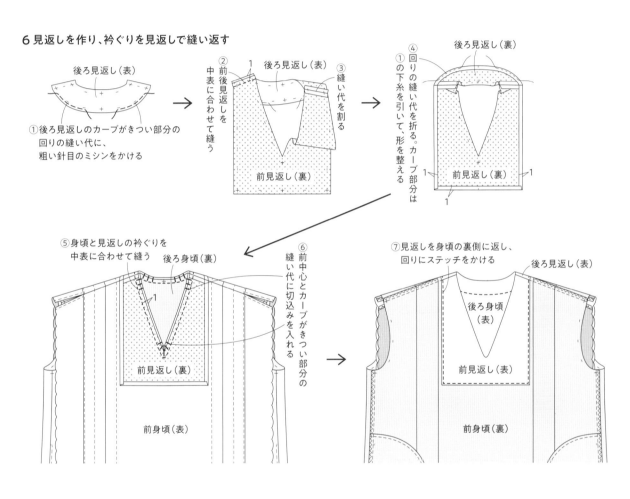

後ろ見返し(表)

① 後ろ見返しのカーブがきつい部分の回りの縫い代に、粗い針目のミシンをかける

② 前後見返しを中表に合わせて縫う

後ろ見返し(表)

③ 縫い代を割る

前見返し(裏)

④ 回りの縫い代を折る。カーブ部分は

① 回りの縫い代の下糸を引いて、形を整える

後ろ見返し(裏)

前見返し(裏)

⑤ 身頃と見返しの衿ぐりを中表に合わせて縫う

後ろ身頃(裏)

前見返し(裏)

前身頃(表)

⑥ 前中心とカーブがきつい部分の縫い代に切込みを入れる

⑦ 見返しを身頃の裏側に返し、回りにステッチをかける

後ろ見返し(表)

後ろ身頃(表)

前見返し(表)

前身頃(裏)

7 袖ぐりを始末する

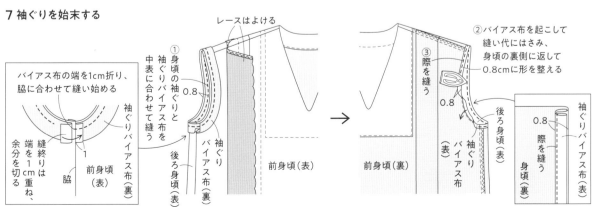

バイアス布の端を1cm折り、脇に合わせて縫い始める

縫終りは端を1cm重ね、余分を切る

脇

前身頃(表)

① 身頃の袖ぐりと袖ぐりバイアス布を中表に合わせて縫う

レースはよける

0.8

袖ぐりバイアス布(裏)

後ろ身頃(裏)

袖ぐり

前身頃(表)

② バイアス布を起こして縫い代にはさみ、身頃の裏側に返して0.8cmに形を整える

③ 際を縫う

0.8

袖ぐりバイアス布(表)

後ろ身頃(表)

0.8

際を縫う

身頃(裏)

袖ぐりバイアス布(表)

P 2way ワンピース

photo > p.28-31

出来上り寸法 ＊左から1、2サイズ

バスト126／130cm
着丈131／134cm
袖丈57／60cm

パターン 2裏

材料 ＊左から1、2サイズ

表布＝コットン タイプライター 141cm幅 300／310cm
（11504 ソールパーノ）
接着芯＝90cm幅 25cm
ボタン＝直径1.15cmを18個

準備 ＊裁合せ図も参照

◎衿、ポケットの見返しの裏に接着芯をはる。
◎後ろ中心、ポケットの見返しの端をロックミシン
　で始末する。

作り方順序

1　ポケットを作り、つける
2　脇を縫う →p.75 1参照
3　後ろ中心を縫う
4　前端、裾を始末する
5　前後身頃のヨーク切替え線にギャザーを寄せる
　　→p.76 3参照
6　ヨークと身頃を縫う
7　衿を作り、つける
8　袖を作り、つける
9　まちを作り、つける
10　ベルト通しを作り、つける
11　ボタンホールを作り、ボタンをつける
　　→位置はパターン参照
12　ベルトを作る

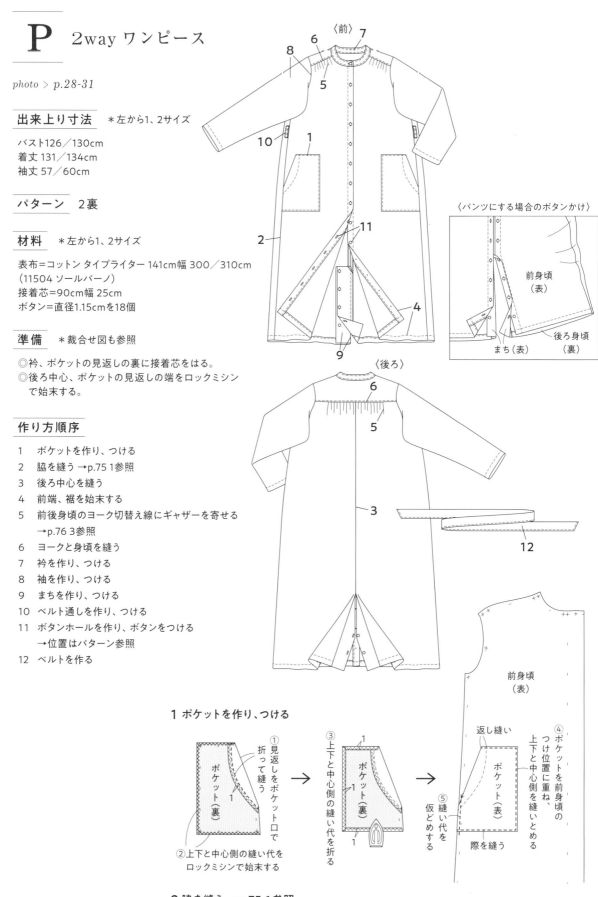

〈前〉

〈パンツにする場合のボタンかけ〉

前身頃
（表）

まち（表）　　後ろ身頃
（裏）

〈後ろ〉

1 ポケットを作り、つける

①見返しをポケット口で折って縫う

②上下と中心側の縫い代をロックミシンで始末する

③上下と中心側の縫い代を折る

ポケット（裏）

④ポケットを前身頃のつけ位置に重ね、上下と中心側を縫いとめる

返し縫い

ポケット（表）

⑤縫い代を仮どめする

際を縫う

前身頃（表）

2 脇を縫う →p.75 1参照

裁合せ図 用尺は上から1、2サイズ

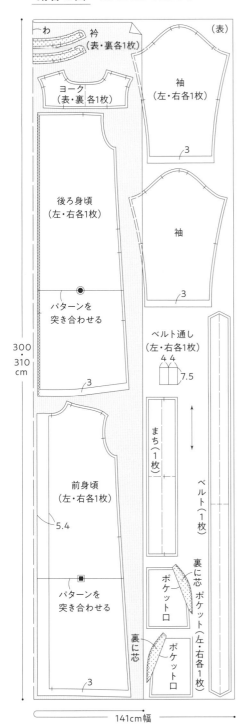

わ　衿（表・裏各1枚）

（表）

ヨーク（表・裏各1枚）

袖（左・右各1枚）

3

後ろ身頃（左・右各1枚）

袖

3

パターンを突き合わせる

3

ベルト通し（左・右各1枚）
4 4
7.5

まち（1枚）

ベルト（1枚）

前身頃（左・右各1枚）

5.4

パターンを突き合わせる

裏に芯　ポケット
ポケット口
ポケット（左・右各1枚）

裏に芯
ポケット口

3

300・310 cm

141cm幅

＊縫い代は指定以外1cm
＊ ▨ は裏に接着芯をはる位置
＊ベルト通しは図に示した寸法で裁つ

3 後ろ中心を縫う

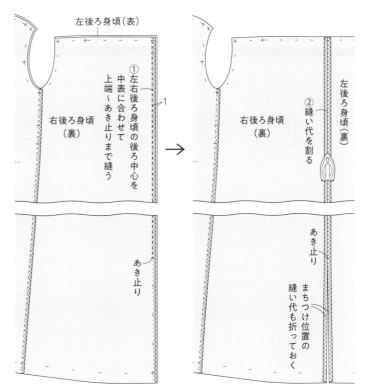

左後ろ身頃（表）

①左右後ろ身頃の後ろ中心を中表に合わせて上端〜あき止りまで縫う

右後ろ身頃（裏）

1

あき止り

②縫い代を割る

左後ろ身頃（裏）

右後ろ身頃（裏）

あき止り

まちつけ位置の縫い代も折っておく

4 前端、裾を始末する

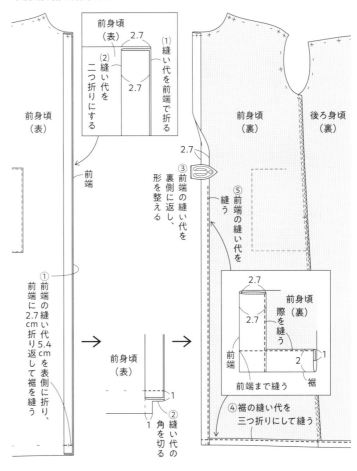

前身頃（表）

前身頃（表）
2.7
2.7
①縫い代を前端で折る
②縫い代を二つ折りにする

前身頃（表）

前端

①前端の縫い代5.4cmを表側に折り、前端に2.7cm折り返して裾を縫う

2.7

③前端の縫い代を裏側に返し、形を整える

前身頃（裏）

後ろ身頃（裏）

⑤前端の縫い代を縫う

①前身頃（表）

②縫い代の角を切る

1

1

2.7
2.7
前身頃（裏）
際を縫う
前端
2
1
前端まで縫う
裾

④裾の縫い代を三つ折りにして縫う

5 前後身頃のヨーク切替え線にギャザーを寄せる →p.76 3参照

6 ヨークと身頃を縫う

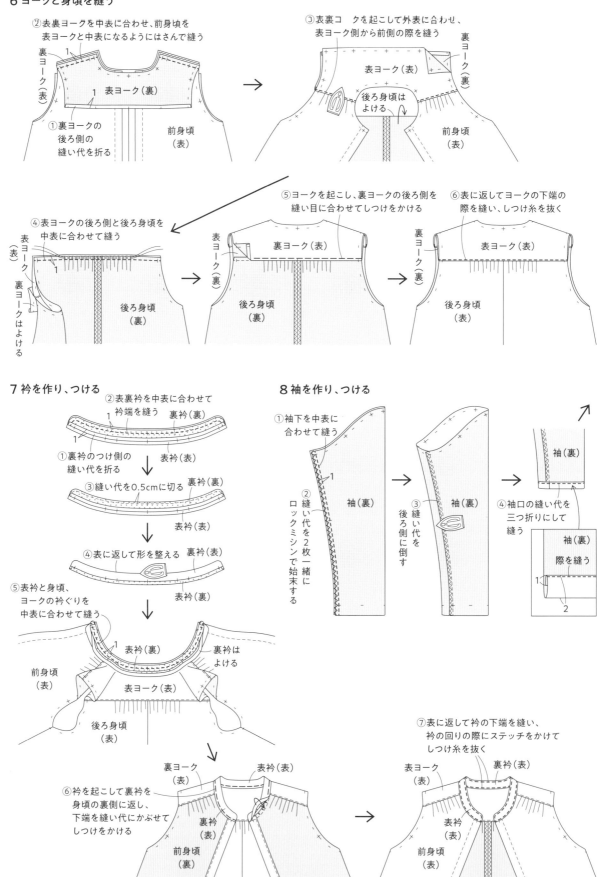

②表裏ヨークを中表に合わせ、前身頃を
表ヨークと中表になるようにはさんで縫う

裏ヨーク（表）

表ヨーク（裏）

①裏ヨークの
後ろ側の
縫い代を折る

前身頃
（表）

③表裏ヨークを起こして外表に合わせ、
表ヨーク側から前側の際を縫う

裏ヨーク
（裏）

表ヨーク（表）

後ろ身頃は
よける

前身頃
（表）

④表ヨークの後ろ側と後ろ身頃を
中表に合わせて縫う

表ヨーク（表）

表ヨーク・裏ヨークはよける

後ろ身頃
（裏）

⑤ヨークを起こし、裏ヨークの後ろ側を
縫い目に合わせてしつけをかける

裏ヨーク（表）

表ヨーク（裏）

後ろ身頃（裏）

⑥表に返してヨークの下端の
際を縫い、しつけ糸を抜く

裏ヨーク（裏）

表ヨーク（表）

後ろ身頃
（表）

7 衿を作り、つける

②表裏衿を中表に合わせて
衿端を縫う

裏衿（裏）

表衿（表）

①裏衿のつけ側の
縫い代を折る

③縫い代を0.5cmに切る

裏衿（裏）

表衿（表）

④表に返して形を整える

裏衿（表）

表衿（裏）

⑤表衿と身頃、
ヨークの衿ぐりを
中表に合わせて縫う

表衿（裏）

裏衿はよける

前身頃
（表）

表ヨーク（表）

後ろ身頃
（表）

⑥衿を起こして裏衿を
身頃の裏側に返し、
下端を縫い代にかぶせて
しつけをかける

裏ヨーク
（表）

表衿（表）

裏衿
（表）

前身頃
（裏）

8 袖を作り、つける

①袖下を中表に
合わせて縫う

袖（裏）

②縫い代を2枚一緒にロックミシンで始末する

③縫い代を
後ろ側に
倒す

袖（裏）

袖（裏）

④袖口の縫い代を
三つ折りにして
縫う

袖（裏）

際を縫う

⑦表に返して衿の下端を縫い、
衿の回りの際にステッチをかけて
しつけ糸を抜く

表ヨーク
（表）

裏衿（表）

表衿
（表）

前身頃
（表）

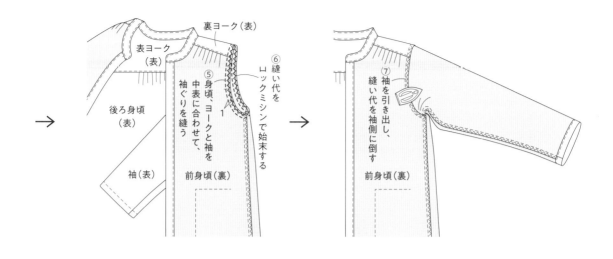

⑤身頃、ヨークと袖を中表に合わせて、袖ぐりを縫う

⑥縫い代をロックミシンで始末する

裏ヨーク（表）

表ヨーク（表）

後ろ身頃（表）

袖（表）

前身頃（裏）

⑦袖を引き出し、縫い代を袖側に倒す

前身頃（裏）

9 まちを作り、つける

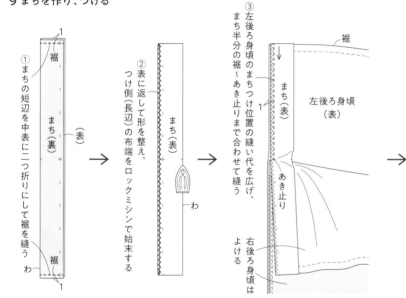

①まちの短辺を中表に二つ折りにして裾を縫う

裾

まち（裏）

（表）

裾

わ

わ

②表に返して形を整え、つけ側（長辺）の布端をロックミシンで始末する

まち（表）

③左後ろ身頃のまちつけ位置の縫い代を広げ、まち半分の裾〜あき止りまで合わせて縫う

裾

まち（表）

あき止り

左後ろ身頃（表）

右後ろ身頃はよける

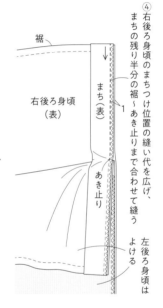

④右後ろ身頃のまちつけ位置の縫い代を広げ、まちの残り半分の裾〜あき止りまで合わせて縫う

裾

まち（表）

あき止り

右後ろ身頃（表）

左後ろ身頃はよける

10 ベルト通しを作り、つける

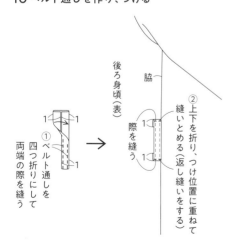

①ベルト通しを四つ折りにして両端の際を縫う

後ろ身頃（表）

脇

②上下を折り、つけ位置に重ねて縫いとめる（返し縫いをする）

際を縫う

11 ボタンホールを作り、ボタンをつける
→位置はパターン参照

12 ベルトを作る

①回りの縫い代を折る

ベルト（裏）

②二つ折りにする

（表）

③際を縫う

Profile

Porter des boutons ポルテ デ ブトン

岡本美幸　鈴木 愛　城井幸子

天然素材を中心とした女性のための"心地よい日常着"。
ベーシックなデザインに"さりげない女性らしさ"と"遊び心"をちりばめ、カジュアルアイテムからドレスまでライフスタイルに合わせた提案をしている。

東京・恵比寿のアトリエ兼ショップ「boutonné」と全国のセレクトショップで展開中。

Boutonné
東京都渋谷区恵比寿1-16-26 協和ビル 202
＊不定期オープン。詳細はInstagramにて

HP　https://porter-des-boutons.com/
Instagram　@ porter_des_boutons

Staff

ブックデザイン	海藤祥子
撮影	サカイデジュン
スタイリング	平井律子
ヘア＆メイク	伏屋陽子（ESPER）
モデル	Analicia、Lotta
デジタルトレース	宇野あかね（文化フォトタイプ）
パターングレーディング	上野和博
パターンレイアウト	白井史子
校閲	向井雅子
編集協力、作り方解説	髙井法子
編集	田中 薫（文化出版局）

Special thanks　倉地麻子
　　　　　　　　　谷口美弥子
　　　　　　　　　進藤珠美

［布地提供］
小原屋繊維
https://oharaya.com
TEL 06-6862-3266
＊生地のオンラインショップiina
https://www.rakuten.co.jp/iina-shop/

布地のお店 ソールパーノ
TEL 06-6233-1329
https://www.rakuten.co.jp/solpano

DARUMA FABRIC
http://daruma-fabric.com/
tel.06-6251-2199

リバティジャパン
https://www.liberty-japan.co.jp

Faux & Cachet Inc.
https:// www.fauxandcachetinc.com

［撮影協力］
ミア ハットアンドアクセサリー（p.20,28のハット）
https://miahat.com

佐藤正樹（p.4のアート作品）
Instagram @mktks1980

ポルテ デ ブトンのソーイング BOOK

2023年7月30日　第1刷発行

著　者　ポルテ デ ブトン
発行者　清木孝悦
発行所　学校法人文化学園 文化出版局
　　　　〒151-8524 東京都渋谷区代々木3-22-1
　　　　電話 03-3299-2485（編集）
　　　　　　　03-3299-2540（営業）
印刷・製本所　株式会社文化カラー印刷

文化出版局のホームページ
https://books.bunka.ac.jp/

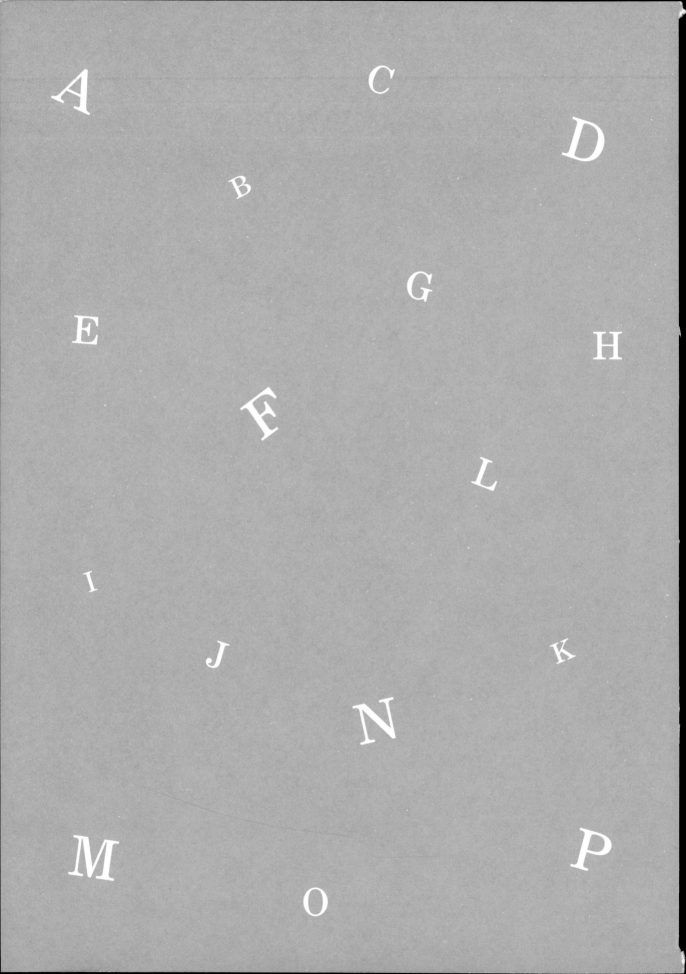